Reis, Bulgur, Couscous
trendig, körnig, lecker

> Autorin: Erika Casparek-Türkkan | Fotos: Reiner Schmitz

Inhalt

Die Theorie

- 4 Die internationalen Drei
- 5 Warenkunde: Jede Menge Reissorten
- 6 Warenkunde: Couscous & Bulgur
- ➤ 7 **Garmethoden**
- ➤ 8 **Basisrezepte: Beliebte Beilagen**
- ➤ 9 **Basisrezepte: Aus Resten ein Snack**

Die Rezepte

- 10 Vorspeisen, Salate & Suppen – leichte Mahlzeiten, auch zum Mitnehmen
- 26 Mit Gemüse, Kräutern & Käse – gesund, preiswert und abwechslungsreich
- 34 Mit Fisch & Meeresfrüchten – alles aus einem Topf
- 42 Mit Fleisch & Geflügel – aus den Küchen der Welt

Extra

> **58 Glossar**
>   60 Register
>   62 Impressum
> **64 Die 10 GU-Erfolgstipps mit Geling-Garantie für Gerichte mit Reis, Bulgur & Couscous**

> **GU Serviceseiten**

Reis, Bulgur und Couscous – vielseitig und lecker

In den Küchen der Welt sind sie zu Hause, in vielen sogar das wichtigste Grundnahrungsmittel. Reis, Bulgur und Couscous lassen sich schnell und raffiniert zubereiten: entweder einfach, nur mit Wasser und etwas Salz als Beilage oder nach traditionellen und neuen Rezepten. In diesem Buch finden Sie Klassiker, Bekanntes und Unbekanntes – auf jeden Fall abwechslungsreiche Gerichte mit viel frischem Gemüse, Fisch oder Fleisch, mit aromatischen Gewürzen oder duftenden Kräutern und mit neuen Zutaten zum Kennenlernen. Für jeden Anlass und Geschmack ist etwas dabei.

Die internationalen Drei

Für Reis, Bulgur und Couscous sind nicht drei, sondern zwei Getreidearten die Basis, nämlich Reis und Hartweizen. Wie andere Getreideprodukte werden auch sie industriell bearbeitet, bevor sie in den Regalen der Geschäfte landen. Erhältlich sind sie im Supermarkt, in Naturkostläden, im Reformhaus oder in Spezialläden mit südländischen oder asiatischen Lebensmitteln.

1 | Reisvielfalt

Wie die meisten Getreidearten wurde auch Reis über Jahrtausende aus Grassamen kultiviert. In den verschiedenen Regionen der Welt entstanden, den Ernährungsgewohnheiten der Bewohner angepasst, Reissorten in unterschiedlichen Formen. Weißer Reis ist geschält, geschliffen und poliert. Er enthält kaum noch Vitamine, jedoch unter anderem den entwässernden Mineralstoff Kalium. Weißer Reis besteht hauptsächlich aus leicht verdaulichen Kohlenhydraten und enthält in geringen Mengen wertvolles Eiweiß.

Brauner Naturreis umschließt am Kornansatz den Keim. Er besitzt noch sein natürliches Silberhäutchen, das das Korn nach dem Schälen umgibt. Naturreis liefert wertvolle Vitamine, vor allem die der B-Gruppe.

Roter Reis, eine Langkornreissorte, ist eine Züchtung aus wildem (nicht Wildreis) und kultiviertem Reis. Seine extravagante braun-rote Farbe macht ihn – wie den schwarzen Wildreis – zum Liebling in der gehobenen Gastronomie.

Parboiled Reis ist annähernd so wertvoll wie Naturreis. Bei ihm werden durch ein besonderes Verfahren Nährstoffe aus der Silberhaut und dem Keim ins Korninnere gepresst, bevor beide entfernt werden.

> 1 Reis, Couscous oder Bulgur – in Form gebracht schmeckt's noch besser.

> 2 Zur Dekoration gegarten Reis in ein Timbaleförmchen geben und stürzen.

2 | Hübsch in Form

Als Beilage schön geformt auf dem Teller anrichten: Gegarter Reis, Bulgur oder Couscous in eine leicht mit Öl eingepinselte breite Tasse, in ein Ring- oder Timbaleförmchen oder in ein etwas größeres Crème-Caramel-Förmchen füllen, festdrücken und auf den Teller stürzen. Nach Belieben mit Kräuterblättchen, Zitronenschalenstreifen, gehackter roter Chilischote, einer Garnele oder auch einem Gemüsestückchen dekorativ garnieren.

Theorie
WARENKUNDE

Jede Menge Reissorten

Langkornreis: Dazu zählen Patnareis und Parboiled Reis. Er ist weit verbreitet und wird außer in Asien auch in den USA angebaut. Langkornreis ist in 20 Min. gar, bleibt dabei schön körnig und ist vielseitig verwendbar.

Naturreis: Er heißt auch brauner oder Vollkornreis und benötigt eine Garzeit von 25–30 Min. Wie der weiße Langkornreis lässt er sich sehr unterschiedlich zubereiten. Wer weißen Reis durch Naturreis ersetzt, sollte immer die längere Garzeit beachten.

Basmatireis: Dieser langkörnige Reis wird weiß und auch als Naturreis angeboten. Er stammt aus dem Norden Indiens und Pakistans. Mit seinem feinen, aromatischen Duft und seinem nussigen Aroma passt er gut zu Meeresfrüchten, Fisch und Geflügel.

Thai- oder Jasminreis stammt aus dem subtropischen Klima Thailands. Sein lieblicher Duft erinnert an Blüten. Er passt als Beilage gut zu exotischen Gerichten. Kochen Sie ihn wie Quellreis in der doppelten Menge Wasser.

Rundkornreis: Risotto-, Paella- und Milchreis zählen dazu. Die Körner geben beim Kochen Stärke ab, erkennbar am milchigen Kochwasser. Das gilt auch für japanischen Klebreis, eine ideale Rundkornreisvariante für Sushi.

Wildreis: Botanisch gesehen ist er kein Reis, sondern ein Sumpfgetreide aus Nordamerika. Er ist schwarz und hat eine elegante, längliche Form. Seine Garzeit liegt bei 45 Min. Er wird mit anderen Sorten als Mischung angeboten.

Theorie
WARENKUNDE

Couscous & Bulgur

Couscous spielt in der nordafrikanischen Küche eine dominierende Rolle. Hergestellt wird er aus Hartweizengrieß. Auf dem Land feuchten die Frauen den gemahlenen Grieß noch an und verarbeiten ihn mit den Fingern zu Krümeln. Diese werden durch ein feines oder gröberes Sieb gedrückt und in feinen, mittelfeinen oder groben Couscous getrennt und getrocknet.

1 | Garen im Couscoussier

Traditionell wird Couscous über Dampf in einem zweistöckigen Couscous-Topf, dem Couscoussier gegart. Er besteht aus einem großen Topf mit Siebaufsatz und Deckel. Der Siebaufsatz wird erst mit einem Gazetuch ausgelegt, dann mit angefeuchteten Couscous-Körnchen gefüllt und schließlich wird der Aufsatz auf den großen Topf gesetzt. Im Topf darunter garen in Brühe Fleisch oder Fisch und Gemüse, die den nötigen Dampf abgeben und später zum Gericht serviert werden. Während des Garens wird das Sieb mehrmals kurz abgenommen und der Couscous mit den Fingern zerrieben, damit er schön locker wird.

2 | Couscous auf schnelle Art

Wem die klassische Art der Zubereitung zu mühsam ist, nimmt den handelsüblichen vorgegarten Instant-Couscous, der sich einfach und schnell ohne Couscoussier zubereiten lässt. Instant-Couscous wird in 500-g-Päckchen in drei Sorten angeboten: fein, mittelfein und grobkörnig. Wenn die Angabe »vorgegart« oder »Instant« fehlt, hilft die Zubereitungsanweisung auf der Packung weiter.

> 1 Couscous ist in Nordamerika Grundlage vieler traditioneller Gerichte.

> 2 Bulgur erfreut sich in der Türkei und im Vorderen Orient großer Beliebtheit.

3 | Bulgur

Er besteht aus geschältem, vorgegartem, getrocknetem und zerstoßenem Hartweizen, der noch Keime und gesunde Inhaltsstoffe enthält. Bulgur gart besonders schnell und energiesparend. Er kann sogar nach dem Einweichen ohne Kochen, zum Beispiel für Salat, verwendet werden. Bulgur wird ebenfalls in drei Sorten angeboten: fein, mittelfein oder grob. Am häufigsten wird mittelfeiner Bulgur verwendet, beispielsweise für Eintopf oder Auflauf, die feinere Sorte eignet sich dagegen sehr gut für Bällchen und Suppen. Grober Bulgur wird meist als Beilage zubereitet.

Theorie
GARMETHODEN

Richtig zubereiten

Wasserreismethode

▶ Langkornreis in reichlich kochendes Wasser geben (250 g in ca. 1 1/2 l Wasser), aufkochen lassen und zugedeckt bei schwacher Hitze in 20 Min. (Naturreis 25–30 Min.) garen. In ein Sieb abgießen, abtropfen und ausdampfen lassen. Nachteil: Durch das Abgießen gehen wertvolle Inhaltsstoffe verloren.

Quellreismethode

▶ Pro Tasse Langkornreis zwei Tassen Wasser zum Kochen bringen, Reis hinzufügen, aufkochen lassen und zugedeckt bei schwacher Hitze in 20 Min. garen (Naturreis 25–30 Min.), dann ausdampfen lassen. Alternative: Reis in wenig Fett glasig werden lassen, die doppelte Menge Wasser zugießen, wie Quellreis fertig garen. Vorteil: Es bleiben mehr Nährstoffe erhalten.

Risottomethode

▶ Risotto- oder anderen Rundkornreis in wenig Fett bei mittlerer Hitze 1 Min. anbraten, nach und nach etwas mehr als die doppelte Menge heiße Flüssigkeit unterrühren. Bei schwacher Hitze offen kochen lassen, dabei immer wieder rühren, bis die Flüssigkeit verbraucht ist. Der Reis soll saftig und sämig sein, ohne zu verkleben und noch Biss haben. Garzeit: 17–20 Min., je nachdem wie viel Biss die Körner haben sollen.

Milchreis zubereiten

▶ Dafür Risotto-, einen anderen Rundkornreis oder speziellen Milchreis, so genannten Bruchreis, verwenden. Die Körner geben Stärke ab und machen das Gericht sämig. Für süßen Milchreis etwas mehr als die doppelte Menge Milch oder Obstsaft mit dem Reis in den Topf geben, bei schwacher Hitze unter gelegentlichem Rühren 20–25 Min. offen kochen lassen. Vorsicht: Milchreis setzt leicht an!

Instant-Couscous

▶ Der vorgegarte Weizengrieß ist schnell zubereitet. Couscous und Wasser zu gleichen Teilen abmessen, z. B. je 1 Becher Couscous und Wasser. Salzwasser aufkochen lassen, einige Tropfen Öl und Couscous unterrühren und 5–7 Min. quellen lassen. Mit zwei Gabeln auflockern und etwas Butter untermischen.

Bulgur garen

▶ Den Bulgur in einem Sieb mit kaltem Wasser abbrausen, abtropfen lassen. Doppelte Menge Brühe oder Salzwasser aufkochen lassen. Bulgur zugeben, aufkochen, dann zugedeckt 10 Min. köcheln lassen. Zwischen Topf und Deckel ein doppelt gefaltetes Tuch oder 2–3 Lagen Küchenpapier legen, das saugt den Dampf auf. Auf dem ausgeschalteten Herd 20 Min. ausquellen lassen, mit zwei Gabeln auflockern.

Beliebte Beilagen

Körniger Reis
Pro Portion 75 g Langkornreis in 150 ml kochendem Salzwasser oder Brühe aufkochen lassen, zugedeckt bei schwacher Hitze in 20–25 Min. garen, ausdampfen lassen. Oder: 1/2 EL Butter oder Öl erhitzen, 75 g Reis darin unter Rühren glasig werden lassen. 150 ml Wasser und 1 Prise Salz zugeben, aufkochen und zugedeckt bei schwacher Hitze 20–25 Min. kochen, dann ausdampfen lassen. Eventuell 1/2 Zwiebel oder 1 Lorbeerblatt als Würze mitgaren.

Safran-Risotto
Pro Portion als Beilage oder Zwischengericht: 1/2 l Gemüse-, Hühner- oder Rinderbrühe erhitzen. 1/2 EL Butter schmelzen. 75 g Risotto-Reis, z. B. Aborio- oder Vialone-Reis, glasig werden lassen. 1 Msp. Safranpulver unterrühren. Nach und nach unter Rühren Brühe zugießen, bis sie vom Reis aufgenommen und verdampft ist. Nach 15–17 Min. ist der Reis gar, feucht und cremig, sollte aber noch Biss haben. 1/2 EL Butter und 1 EL frisch geriebenen Parmesan unterrühren, salzen.

Couscous
Für 1 Portion 160 ml Salzwasser aufkochen lassen, beiseite stellen. 80 g mittelfeinen Couscous mit 1/2 TL Öl zugeben. Den Topf schütteln, damit sich der Couscous im Wasser verteilt. Etwa 5–7 Min. quellen lassen. 1 TL Butter zufügen, Couscous mit zwei Gabeln auflockern. Mit je 1 Prise Zimtpulver, gemahlenem Piment und Kardamom würzen. Oder mit 3–4 Tropfen Orangenblütenwasser beträufeln. Gegarter Couscous lässt sich einfrieren, im Wasserbad auftauen und erwärmen.

Bulgur
Pro Portion 70 g mittelfeinen Bulgur in einem Sieb mit lauwarmem Wasser abbrausen und abtropfen lassen. 140 ml Salzwasser, Hühner- oder Gemüsebrühe aufkochen lassen. Bulgur unterrühren, offen aufkochen, dann zugedeckt bei schwacher Hitze 10 Min. kochen lassen. Zwischen Topf und Deckel ein gefaltetes Küchentuch legen. Bulgur 20–30 Min. auf dem ausgeschalteten Herd quellen lassen. Oder: Bulgur in halb Brühe, halb Tomatensaft garen, vor dem Servieren Butter unterrühren.

Theorie
BASISREZEPTE

Aus Resten ein Snack

Knusprige Reisbällchen

1 Tasse gegarten Langkorn- oder Klebreis mit 2 EL geriebenem Käse, 6 gehackten Basilikumblättchen oder 1/2 TL Pesto aus dem Glas und 2 TL Crème fraîche vermischen. Mit Salz, Pfeffer und Muskat würzen. Den Reis zu walnussgroßen Bällchen formen und in gemahlenen Mandeln wälzen. In heißem Öl goldbraun frittieren. Mit grünem Salat servieren.

Reis-Curry-Salat mit Banane

1 Tasse gegarten Reis in eine Schüssel geben. Etwa 1/2 Banane in Scheiben schneiden, hinzufügen. Einige Käsewürfel, z. B. Edamer oder Emmentaler Käse, 1/2 gehackte rote Peperoni oder etwa 1/2 TL gehackten Ingwer untermischen. 1 EL Joghurt, 1 TL Salat-Mayonnaise, 1 Msp. Currypaste, 1 TL Zitronensaft, je 1 Prise Salz und Zucker verrühren und unter den Salat mischen. Auf Salatblättern anrichten.

Couscous-Creme mit Früchten

1 Tasse gegarten Couscous mit 50 ml Milch aufkochen lassen. Etwa 4 EL Sahne und 1 Eigelb, untermischen und unter Rühren erhitzen, bis er cremig wird. Mit Vanillemark und Zucker abschmecken. 1 Eiweiß steif schlagen und unter den heißen Couscous ziehen. Nach Belieben 1 EL Rumrosinen, getrocknete, gehackte Aprikosen, Datteln oder Mandelstifte untermischen. 3 Min. ziehen lassen, in Schälchen füllen und kalt werden lassen. Mit Zimt und Zucker bestreuen.

Bulgur-Apfel-Schmarren

1/2 Apfel in Stücke schneiden, mit 1 Tasse gegartem Bulgur und 1/2 EL Korinthen mischen. 1 Eigelb mit 6 EL Milch verquirlen und unterrühren. Mit 1 EL Zucker, 1/2 TL Rum, je 1 Msp. abgeriebener Zitronenschale und Vanillezucker würzen. 1 Eiweiß steif schlagen und unterziehen. Etwas Butter erhitzen, die Bulgurmasse darin von beiden Seiten goldbraun backen. Mit zwei Gabeln in Stücke zupfen, mit Zucker und Zimt bestreuen, mit zerlassener brauner Butter beträufeln.

Vorspeisen, Salate & Suppen

Für kleine, leichte Mahlzeiten bieten Reis, Bulgur und Couscous eine gute Basis. Da alle drei Getreide beim Stehen nachquellen, müssen Sie bei der Weiterverarbeitung etwas Flüssigkeit unterrühren. Sehr praktisch: Bei vielen Rezepten können die körnigen Drei vorgegart werden, zum Beispiel bei Blini, Fritters oder Reissalat. Einige Rezepte sind fürs Picknick ideal, wie Salatrouladen mit Wildreisfüllung, Gefüllte Bulgurecken oder Sushi mit Tunfisch und Gurke. Die herzhaften Suppen in diesem Kapitel schmecken auch aufgewärmt sehr gut.

11	Salatrouladen	20	Bulgursuppe mit roten Linsen
11	Tabbouleh	20	Reissuppe mit Fenchel
12	Couscous-Timbale	23	Reissuppe mit Kokosmilch
12	Gefüllte Bulgurecken	23	Couscous-Suppe mit Fleischklößchen
14	Couscous-Quark-Blini		
14	Reis-Fritters mit Garnelen	25	Joghurtsuppe mit Reis und Minze
17	Sushi mit Tunfisch und Gurke	25	Hühnersuppe mit Reis und Gemüse
18	Reissalat mit Tunfisch und Paprika		
18	Chinakohl mit Bulgurfüllung		

Rezepte
VORSPEISEN, SALATE & SUPPEN

Blitzrezepte

Salatrouladen

FÜR 4 PERSONEN

- 120 g Wildreismischung | Salz
  100 g Egerlinge | 4 Frühlingszwiebeln
  1 EL Olivenöl | 50 g Sojasprossen
  3 EL helle Sojasauce | 2 EL Reisessig
  1 TL Sesamöl | Pfeffer | 1 großer Kopfsalat

1 | Reis in 240 ml Salzwasser bei schwacher Hitze 30 Min. quellen lassen. Egerlinge putzen, abreiben, in Scheiben schneiden. Frühlingszwiebeln putzen, klein schneiden. Öl erhitzen, Pilze darin 2 Min. anbraten.

2 | Sprossen waschen und abtropfen lassen. Mit Pilzen, Frühlingszwiebeln, Sojasauce, Essig und Sesamöl unter den Reis mischen. Mit Salz und Pfeffer würzen. Salatblätter putzen, waschen, trockenschleudern. Auf jedes Salatblatt etwas Reis geben, das Blatt aufrollen.

Tabbouleh

FÜR 4 PERSONEN

- 150 g mittelfeiner Bulgur | 8 Frühlingszwiebeln | 2 Eiertomaten | 1 rote Paprikaschote | 1/3 Salatgurke | 1 Bund glatte Petersilie | 4 Zweige Minze
  3 EL Olivenöl | 2–3 EL Zitronensaft
  Salz | Pfeffer | 2 Romana-Salatherzen

1 | Bulgur in 150 ml heißem Wasser 20 Min. quellen lassen. Gemüse waschen, putzen bzw. schälen und sehr klein würfeln. Kräuter waschen, einige Blättchen beiseite legen, die übrigen fein hacken.

2 | Gemüse und Kräuter unter den Bulgur mischen. Öl, Zitronensaft, 1/2 TL Salz und Pfeffer verrühren, den Bulgursalat damit würzen. Salatblätter waschen, trockenschütteln. Auf Tellern verteilen und auf jedes Blatt Bulgursalat häufen. Mit übrigen Kräutern garnieren.

Rezepte
VORSPEISEN, SALATE & SUPPEN

originell | preiswert
Couscous-Timbale

FÜR 4 PERSONEN
- 50 g geschälte, gemahlene Mandeln | Salz
- 160 g mittelfeiner Couscousgrieß (Instant)
- Butter | 2 Eigelbe
- 1 Msp. abgeriebene Zitronenschale
- 500 g Möhren
- 1/2 TL Zucker
- 100 g Sahne
- 1/2 TL milde Currypaste
- 4 Zweige Kerbel

🕐 Zubereitung: 30 Min.
➤ Pro Portion ca. 295 kcal

1 | Mandeln anrösten. 220 ml Wasser mit 1/2 TL Salz aufkochen lassen. Couscous darin 5–7 Min. quellen lassen. 1 EL Butter, Eigelbe, Zitronenschale und zwei Drittel der Mandeln unterrühren.

2 | 4 größere Timbaleförmchen einfetten. Mit Couscous füllen, andrücken, im heißen Wasserbad warm halten.

3 | Möhren putzen, schälen, schräg in dünne Scheiben schneiden. 1 EL Butter erhitzen, Zucker karamellisieren. Möhren darin andünsten. 50 ml Wasser zugeben, zugedeckt in 3–5 Min. garen.

4 | Sahne zugeben, einkochen lassen, mit Currypaste und Salz würzen. Kerbel waschen, trockenschütteln, die Blättchen klein zupfen und untermischen. Anrichten, je eine Timbale darauf stürzen. Mit Mandeln bestreut servieren.

➤ Getränk: trockener Weißwein, z. B. Müller-Thurgau aus der Pfalz

Spezialität aus Syrien
Gefüllte Bulgurecken

FÜR 4 PERSONEN
- 500 g Lammfleisch
- 3 Zwiebeln
- 2 EL Ghee
- 50 g gehackte Walnusskerne
- 30 g Pinienkerne
- Salz | Pfeffer
- je 1/2 TL Cayennepfeffer, Zimtpulver und Piment
- 250 g feiner Bulgur
- 1 TL edelsüßes Paprikapulver
- 2 EL flüssige Butter
- Fett für die Form

🕐 Zubereitung: 45 Min.
🕐 Backzeit: ca. 45 Min.
➤ Pro Portion ca.: 780 kcal

1 | Fleisch etwa 1/2 cm groß würfeln. Zwiebeln schälen, fein würfeln. Ghee erhitzen. Die Hälfte der Fleischwürfel scharf anbraten. Zwei Drittel der Zwiebeln zugeben und glasig werden lassen. Nüsse und Pinienkerne unterrühren. Mit Salz, Pfeffer, Cayennepfeffer, Zimt und Piment würzen und beiseite stellen.

2 | Backofen auf 200° vorheizen. Die Tarteform (28 cm Ø) einfetten. Bulgur waschen und abtropfen lassen. Die übrigen Fleisch- und Zwiebelwürfel durch die feinste Scheibe des Fleischwolfs drehen. Bulgur mit Fleisch vermischen. Mit Salz, Pfeffer und Paprikapulver würzen. Die Masse noch zweimal durch den Fleischwolf drehen.

3 | Hälfte der Fleisch-Bulgur-Mischung in die Form streichen. Fleischwürfel darauf verteilen. Übrige Mischung aufstreichen, rautenförmig einschneiden. Mit Butter beträufeln. Im Backofen (Mitte, Umluft 180°) 45 Min. backen.

Rezepte
VORSPEISEN, SALATE & SUPPEN

einfach | vegetarisch
Couscous-Quark-Blini

FÜR 4 PERSONEN

- **500 g Magerquark**
  1/8 l fettarme Milch
  Salz
  Pfeffer
  je 2 EL gehackte Petersilie und Dill
  2 EL Schnittlauchröllchen
  220 ml Gemüsebrühe
  160 g mittelfeiner Couscous (Instant)
  2 mittelgroße Eier
  3 EL Sesamsamen
  1 rote oder grüne Peperoni
  6 EL Olivenöl

⏱ Zubereitung: 40 Min.
➤ Pro Portion ca.: 390 kcal

1 | Quark mit Milch glatt rühren. Mit Salz und Pfeffer würzen und die Kräuter unterrühren.

2 | Brühe aufkochen lassen, dann beiseite stellen. Den Couscous darin 5–7 Min. quellen und abkühlen lassen. Eier und Sesam unterrühren. Peperoni putzen, waschen, in dünne Ringe schneiden und unter den Couscous mischen. Mit Salz und Pfeffer würzen.

3 | 2 EL Öl in einer Pfanne erhitzen. Je 1 gehäuften EL Couscous hineingeben, flach streichen, die Blini von beiden Seiten goldgelb braten, bis die Masse aufgebraucht ist. Übriges Öl nach Bedarf zugießen. Blini mit dem Kräuterquark servieren.

macht was her
gelingt leicht
Reis-Fritters mit Garnelen

FÜR 4 PERSONEN

- **150 ml Hühnerbrühe**
  150 g Duftreis
  2 Frühlingszwiebeln
  1 Chilischote
  4 Zweige Basilikum
  100 g Gemüsemais (aus der Dose)
  2 mittelgroße Eier
  Salz | Pfeffer
  5 EL Olivenöl
  1 Knoblauchzehe
  100 g gegarte geschälte Garnelen

⏱ Zubereitung: 45 Min.
➤ Pro Portion ca.: 375 kcal

1 | Die Brühe aufkochen lassen. Den Reis dazugeben und zugedeckt bei schwacher Hitze in 20–25 Min. garen, ausdampfen und abkühlen lassen. In eine Schüssel geben.

2 | Frühlingszwiebeln putzen, waschen und würfeln. Chilischote halbieren, putzen, waschen und klein würfeln. Basilikum waschen, trockenschütteln, die Blättchen sehr klein zupfen.

3 | Frühlingszwiebeln, Chiliwürfel, Basilikum und Mais zum Reis geben. Die Eier unterrühren. Mit Salz und Pfeffer würzen. 4 EL Öl in der Pfanne erhitzen. Je 1 EL Reis in die Pfanne geben, flach zu kleinen Pfannkuchen streichen. Diese von beiden Seiten goldgelb backen und warm halten.

4 | Knoblauch schälen und hacken. Übriges Öl in einer kleinen Pfanne erhitzen. Knoblauch und Garnelen darin schwenken, mit Salz und Pfeffer würzen. Auf jeden Fritter einige Garnelen geben und mit Basilikum garnieren.

im Bild oben: **Couscous-Quark-Blini**   *im Bild unten:* **Reis-Fritters mit Garnelen** ➤

Rezepte
VORSPEISEN, SALATE & SUPPEN

Spezialität aus Japan | für Gäste
Sushi mit Tunfisch und Gurke

FÜR 4 PERSONEN
- 200 g Klebreis
- 3 EL Reisessig
- 1 TL Salz
- 1 1/2 TL Zucker
- 125 g ganz frisches Tunfischfilet
- 100 g Gurke
- 3 Nori-Algenblätter
- 1–2 TL Wasabi-Paste

Zubereitung: 45 Min.
- Pro Portion ca.: 245 kcal

1 | Den Reis mehrmals waschen und abtropfen lassen. Mit 450 ml Wasser aufkochen, dann 10 Min. bei mittlerer Hitze offen kochen lassen. Die Herdplatte ausschalten, Reis zugedeckt etwa 20 Min. quellen lassen.

2 | Den Essig erwärmen, Salz und Zucker darin auflösen. Reis im Topf mit einem großen Messer mehrmals kreuz und quer einschneiden, mit Essig beträufeln. Ausdampfen und abkühlen lassen.

3 | Tunfisch trockentupfen und längs in etwa 1/2 cm breite Streifen schneiden. Die Gurke schälen, entkernen und in schmale Streifen schneiden. Ein Noriblatt auf eine Sushi-Bastmatte legen, ein Drittel Reis aufstreichen, dabei oben und unten einen Rand von etwa 1 cm frei lassen.

4 | In die Mitte mit angefeuchteten Fingern eine Rinne drücken, diese dünn mit Wasabi-Paste bestreichen. Je ein Drittel Tunfisch und Gurkenstreifen in die Rinne geben.

5 | Das Noriblatt mithilfe der Matte fest aufrollen. Aus den übrigen Zutaten zwei weitere Rollen formen. Die Rollen zugedeckt 2 Std. im Kühlschrank kalt stellen.

6 | Vor dem Servieren jede Rolle in 8 Stücke schneiden, mit den Schnittflächen nach unten anrichten.

- Beilagen: Japanische Sojasauce, Wasabi-Paste und eingelegter japanischer Ingwer

1 Noriblatt bestreichen
Noriblatt auf eine Sushi-Bastmatte legen, den Reis darauf streichen.

2 Sushi füllen
In die Mitte mit angefeuchteten Fingern ein Rinne zum Füllen drücken.

3 Sushi rollen
Sushi mithilfe der Matte fest aufrollen.

Rezepte
VORSPEISEN, SALATE & SUPPEN

gelingt leicht | schnell
Reissalat mit Tunfisch und Paprika

FÜR 4 PERSONEN

- Salz
  - 250 g Langkornreis
  - 1/2 Salatgurke
  - 2 Eiertomaten
  - je 1 grüne und rote Paprikaschote
  - 1 Dose Tunfisch im eigenen Saft (195 g Inhalt)
  - 2 EL Kapern
  - 200 g griechischer Schafmilchjoghurt (6 % Fett)
  - 2–3 EL Zitronensaft
  - Pfeffer
  - 1 Bund Schnittlauch

Zubereitung: 30 Min.
- Pro Portion ca.: 235 kcal

1 | 1/2 l Salzwasser zum Kochen bringen. Den Reis darin in 20 Min. garen, ausdampfen und abkühlen lassen. Gurke waschen, längs halbieren, entkernen und würfeln. Tomaten waschen, halbieren, entkernen, von Stielansätzen befreien und würfeln. Paprikaschoten halbieren, putzen, waschen und in Streifen schneiden.

2 | Das Gemüse in eine Schüssel geben. Den Tunfisch abtropfen lassen, in Stücke zerteilen, mit Kapern und Reis zum Gemüse geben. Joghurt mit dem Zitronensaft, 1/2 TL Salz und 1 Prise Pfeffer verrühren, unter den Salat mischen. Schnittlauch waschen, in Röllchen schneiden und untermischen.

- Getränk: frischer griechischer Weißwein oder Ouzo

herzhaft | preiswert
Chinakohl mit Bulgurfüllung

FÜR 4 PERSONEN

- 8 große Blätter Chinakohl
  - 1 Schalotte
  - 30 g Frühstücksspeck
  - 50 g rote Linsen
  - 100 g mittelfeiner Bulgur
  - 1 EL Sonnenblumenöl
  - 1/2 l Gemüsebrühe
  - 1 rote Paprikaschote
  - Salz
  - Pfeffer
  - 3 Tomaten
  - 1 EL Kräuterbutter

Zubereitung: 45 Min.
- Pro Portion ca.: 310 kcal

1 | Die Kohlblätter in kochendem Salzwasser 2 Min. blanchieren. Die Blätter herausnehmen und abtropfen lassen. Die Schalotte schälen und würfeln. Den Frühstücksspeck in kleine Würfel schneiden. Linsen und Bulgur in einem Sieb kalt abspülen und abtropfen lassen. Das Öl erhitzen, Schalotte und Speck darin anbraten. Linsen und Bulgur unterrühren. Brühe dazugießen und zugedeckt bei schwacher Hitze 10 Min. kochen, dann ausdampfen lassen.

2 | Paprikaschote halbieren, putzen, waschen, würfeln und unter den Bulgur mischen. Eventuell mit Salz und Pfeffer würzen. Den Bulgur auf den Kohlblättern verteilen, die Blätter seitlich einschlagen und aufrollen. Die Tomaten waschen, von den Stielansätzen befreien und in dünne Scheiben schneiden.

3 | Die Butter erhitzen, die Tomatenscheiben darin kurz anbraten. Mit Salz und Pfeffer bestreuen. Röllchen darauf legen und zugedeckt bei schwacher Hitze 20 Min. dünsten.

im Bild oben: **Reissalat mit Tunfisch und Paprika**   *im Bild unten:* **Chinakohl mit Bulgurfüllung**

Rezepte
VORSPEISEN, SALATE & SUPPEN

Spezialität aus der Türkei
Bulgursuppe mit roten Linsen

FÜR 4 PERSONEN
- 80 g rote Linsen
- 100 g feiner Bulgur
- 1 Zwiebel
- 2 EL Butter
- 2 EL Tomatenmark
- 1 TL scharfes Paprikamark
- 1 EL Tahin (Sesampaste aus dem Glas)
- Salz
- Pfeffer
- 1 TL Zitronensaft
- 1 TL getrocknete Minze
- 2 Zweige Minze (ersatzweise glatte Petersilie)

Zubereitung: 1 Std. 15 Min.
Pro Portion ca.: 210 kcal

1 | Die Linsen und den Bulgur getrennt in einem Sieb kalt abspülen und abtropfen lassen. Die Zwiebel schälen und klein würfeln.

2 | 1 EL Butter erhitzen. Die Zwiebel darin glasig werden lassen. Mit 1 1/4 l Wasser ablöschen. Linsen, Bulgur und Tomatenmark einrühren, bei schwacher Hitze 45 Min. garen, dabei gelegentlich umrühren.

3 | Die Suppe durch ein Haarsieb streichen, erneut aufkochen lassen. Paprikamark mit Tahin und etwas Suppe vermischen und in die Suppe rühren. Mit Salz, Pfeffer und Zitronensaft würzen.

4 | Übrige Butter schmelzen, die getrocknete Minze darin aufschäumen lassen und unter die Suppe rühren. Die frische Minze waschen, trockenschütteln, hacken und über die Suppe streuen.

Spezialität aus Italien
Reissuppe mit Fenchel

FÜR 4 PERSONEN
- 100 g Kichererbsen
- 4 Fenchelknollen
- 1 Zwiebel
- 1 Knoblauchzehe
- 1 Bund glatte Petersilie
- 5 EL Olivenöl
- 100 g Langkornreis
- Salz
- Pfeffer
- 2 Scheiben Weißbrot
- 4 EL geriebener Parmesan

Einweichzeit: über Nacht
Zubereitung: 1 Std. 30 Min.
Pro Portion ca.: 330 kcal

1 | Kichererbsen mit reichlich Wasser über Nacht einweichen. Am nächsten Tag mit frischem Wasser bedeckt in etwa 1 1/2 Std. garen.

2 | Fenchel waschen, putzen, das Fenchelgrün hacken und beiseite legen. Die Knollen vierteln und ohne den mittleren Strunk in Streifen schneiden. Zwiebel und Knoblauch schälen und klein hacken. Petersilie waschen, trockenschütteln und hacken.

3 | 4 EL Öl mittelstark erhitzen. Zwiebel, Knoblauch, Fenchel und Reis darin 2–3 Min. anschwitzen, dabei gelegentlich umrühren. Die Kichererbsen mit Kochwasser dazugeben, mit Salz und Pfeffer würzen und bei schwacher Hitze 30 Min. köcheln lassen.

4 | Das Brot klein würfeln. Übriges Öl erhitzen und die Brotwürfel darin rösten. Mit Käse und Fenchelgrün über die Suppe streuen.

im Bild oben: Reissuppe mit Fenchel *im Bild unten:* Bulgursuppe mit roten Linsen

Rezepte
VORSPEISEN, SALATE & SUPPEN

Spezialität aus Vietnam für Gäste
Reissuppe mit Kokosmilch

FÜR 4 PERSONEN

- 1 Stange Lauch
  2 mittelgroße Möhren
  1 Stück frischer Ingwer (etwa walnussgroß)
  1 grüne Chilischote
  3 EL Erdnussöl
  1 1/2 l Hühnerbrühe
  80 g Langkornreis
  150 ml Kokosmilch (aus der Dose)
  Salz
  Pfeffer
  4 Zweige Koriander
  150 g gegarte geschälte Garnelen

- Zubereitung: 40 Min.
- Pro Portion ca.: 255 kcal

1 | Den Lauch putzen, längs aufschneiden, gründlich waschen und in sehr dünne Streifen schneiden. Die Möhren putzen, schälen und ebenfalls in sehr schmale Streifen schneiden. Den Ingwer schälen und fein hacken. Die Chilischote halbieren, putzen, waschen und in feine Streifen schneiden.

2 | Öl mittelstark erhitzen. Gemüse unter Rühren darin anbraten. Brühe dazugießen und aufkochen lassen. Den Reis einstreuen und zugedeckt bei schwacher Hitze in 20 Min. garen. Kokosmilch unterrühren, mit Salz und Pfeffer abschmecken.

3 | Den Koriander waschen, trockenschütteln und grob hacken. Garnelen abspülen und abtropfen lassen. Mit Koriander unter die Suppe mischen, noch 10 Min. garen.

Spezialität aus Tunesien
Couscous-Suppe mit Fleischklößchen

FÜR 4 PERSONEN

- 250 g Rinderhackfleisch
  1 kleines Ei
  2 Zwiebeln
  Salz | Pfeffer
  gemahlener Kreuzkümmel
  2 Knoblauchzehen
  3 EL Olivenöl
  2 EL Tomatenmark
  1 TL Harissa
  100 g grober Couscousgrieß (Instant)
  1 EL gehackte Minze oder 1 TL getrocknete Minze

- Zubereitung: 30 Min.
- Pro Portion ca.: 260 kcal

1 | Das Hackfleisch mit Ei in eine Schüssel geben. Zwiebeln schälen und 1 Zwiebel fein dazureiben. Mit 1/4 TL Salz, je 1 guten Prise Pfeffer und Kreuzkümmel vermischen. Aus der Masse kirschgroße Klößchen formen.

2 | Knoblauch schälen und mit der zweiten Zwiebel fein hacken. Das Öl mittelstark erhitzen. Zwiebel und Knoblauch darin glasig werden lassen. Das Tomatenmark und Harissa mit 4 EL Wasser glatt rühren und untermischen.

3 | Mit 1 1/2 l Wasser aufgießen und aufkochen lassen. Mit Salz, Pfeffer und Kreuzkümmel würzen. Die Klößchen darin bei schwacher Hitze 5 Min. ziehen lassen. Couscous unterrühren und 5 Min. köcheln lassen. Die Minze unterrühren.

- Getränk: heißer, gesüßter Minztee

◂ *im Bild links:* Couscous-Suppe mit Fleischklößchen *im Bild rechts:* Reissuppe mit Kokosmilch

Rezepte
VORSPEISEN, SALATE & SUPPEN

Spezialität aus der Türkei
schnell

Joghurtsuppe mit Reis und Minze

FÜR 4 PERSONEN

- 1 Zwiebel
  2 EL Butter
  100 g Langkornreis
  1 1/2 l Fleischbrühe
  2 mittelgroße Eier
  1 gestr. EL Speisestärke
  300 g stichfester Joghurt (z. B. Bulgara-Joghurt)
  Salz | Pfeffer
  1 Msp. gemahlener Piment
  1 TL getrocknete Minze

- Zubereitung: 30 Min.
- Pro Portion ca.: 970 kcal

1 | Zwiebel schälen und sehr klein würfeln. 1 EL Butter schmelzen. Zwiebel und Reis darin glasig werden lassen. Die Brühe dazugießen und bei schwacher Hitze 20 Min. köcheln lassen, dann beiseite stellen.

2 | Eier mit Speisestärke und Joghurt verquirlen, unter die Suppe mischen. Unter Rühren erneut erhitzen, bis sie dicklich wird. Mit Salz, Pfeffer und Piment würzen.

3 | Übrige Butter erhitzen. Die Minze unterrühren, aufschäumen lassen und unter die Joghurtsuppe rühren.

- Beilage: Fladenbrot

Spezialität aus Griechenland

Hühnersuppe mit Reis und Gemüse

FÜR 4 PERSONEN

- 500 g Hühnerklein (ersatzweise Hühnerflügel)
  Salz | 1 Lorbeerblatt
  2 Möhren
  1 dünne Stange Lauch
  1 Stange Staudensellerie
  80 g Langkornreis
  1 Zitrone
  2 kleine Eier | Pfeffer
  2 EL gehackte Petersilie

- Zubereitung: 45 Min.
- Pro Portion ca.: 260 kcal

1 | Das Hühnerklein mit 1 TL Salz und dem Lorbeerblatt in einen Suppentopf geben. Mit 1 1/2 l Wasser aufkochen lassen, zwischendurch den Schaum abschöpfen und bei schwacher Hitze 30 Min. kochen lassen.

2 | Die Möhren putzen, schälen und würfeln. Den Lauch putzen, längs aufschneiden, gründlich waschen und in Streifen schneiden. Den Staudensellerie waschen und klein schneiden. Das Selleriegrün hacken und beiseite stellen.

3 | Das Hühnerklein aus der Brühe nehmen und abkühlen lassen. Das Fleisch von den Knochen lösen. Gemüse mit Reis in der Brühe in 25 Min. garen. Den Topf vom Herd nehmen.

4 | Den Saft der Zitrone auspressen. Eier und Zitronensaft verquirlen, in die leicht abgekühlte Suppe rühren. Fleisch dazugeben, salzen und pfeffern. Unter Rühren erneut erhitzen, doch nicht mehr aufkochen lassen. Mit Petersilie und Selleriegrün bestreuen und servieren.

- Variante: Wer mehr Fleisch möchte, kocht ein Suppenhuhn statt Hühnerklein oder Hühnerflügeln.

◀ *im Bild oben:* **Joghurtsuppe mit Reis und Minze**   *im Bild unten:* **Hühnersuppe mit Reis und Gemüse**

Mit Gemüse, Kräutern & Käse

Frisches, knackiges Gemüse, Pilze, Käse und Kräuter sind bei den Reis-, Bulgur- und Couscousgerichten aus aller Welt die wichtigsten Zutaten. Das schmeckt so gut, da vermisst keiner Fleisch oder Fisch. Gesund und preiswert sind die phantasievollen Gerichte aus der ganz normalen, einfachen Alltagsküche des Südens außerdem, vorausgesetzt, Sie kaufen Gemüse, das gerade Saison hat.

27 Risotto mit Spargel
27 Spinat-Bulgur
28 Zucchini mit Limettensauce
28 Zwiebel-Reis
30 Bulgur mit Schafkäse
30 Reis mit Auberginen
33 Risotto mit Radicchio
33 Risotto mit Mischpilzen

Rezepte

MIT GEMÜSE, KRÄUTERN & KÄSE

Blitzrezepte

Risotto mit Spargel

FÜR 4 PERSONEN

➤ je 250 g weißer und grüner Spargel | 1,7 l Hühnerbrühe | 1 EL Butter | 250 g Risotto-Reis (z. B. Vialone) | Salz | Pfeffer | 1 Prise Muskatnuss, gerieben | 100 g Sahne | 2 EL gehackte Petersilie | 4 EL gehobelter Parmesan

1 | Spargel waschen, vom grünen das untere Drittel abschneiden, den weißen schälen. Die Spitzen abschneiden, den Rest in Stücke schneiden. Brühe erhitzen. Butter erhitzen, Spargelstücke darin 2–3 Min. anbraten. Reis dazugeben. Nach und nach so viel Brühe zugießen, wie der Reis aufnimmt und kochen lassen.

2 | Nach 10 Min. die Spitzen zufügen, 10 Min. weiterkochen. Sahne und Petersilie unterrühren, mit Salz, Pfeffer, Muskat würzen. Mit Parmesan bestreut servieren.

Spinat-Bulgur

FÜR 4 PERSONEN

➤ 1 kg Blattspinat | 1 Bund Frühlingszwiebeln | 1 Bund Dill | 5 EL Olivenöl | 1/4 l Gemüsebrühe | 200 g grober Bulgur | Salz | Pfeffer | 4 kleine Kugeln Mozzarella | 1 EL Zitronensaft

1 | Spinat verlesen, waschen, putzen und grob hacken. Frühlingszwiebeln putzen, waschen und in Ringe schneiden. Dill waschen, trockenschütteln, hacken. Öl erhitzen. Frühlingszwiebeln anbraten. Spinat zugeben, zusammenfallen lassen, bis der Saft fast verdampft ist.

2 | Mit Brühe, Dill, Bulgur, Salz und Pfeffer zugedeckt 15 Min. kochen lassen. Mozzarella halbieren, auf dem Bulgur zugedeckt in 5 Min. schmelzen, ausdampfen lassen, mit Zitronensaft beträufeln.

Rezepte
MIT GEMÜSE, KRÄUTERN & KÄSE

braucht etwas Zeit
Zucchini mit Limettensauce

FÜR 4 PERSONEN
- 4 große Zucchini
  1 Zwiebel
  4 EL Olivenöl
  100 g Rinderhackfleisch
  80 g Langkornreis
  Salz
  Pfeffer
  1 Msp. gemahlener Piment
  je 4 Zweige glatte Petersilie und Minze
  1 Limette
  2 mittelgroße Eier

⏲ Zubereitung: 50 Min.
- Pro Portion ca.: 280 kcal

1 | Zucchini waschen, putzen, quer halbieren. Fruchtfleisch bis auf einen dünnen Rand herauslösen und hacken.

2 | Zwiebel schälen und klein würfeln. Öl erhitzen, Zwiebel darin glasig werden lassen. Hackfleisch darin krümelig anbraten. Zucchinifleisch und Reis kurz mitbraten. 150 ml Wasser unterrühren, mit Salz, Pfeffer und Piment würzen. Zugedeckt bei schwacher Hitze 10 Min. dünsten.

3 | Kräuter waschen, trockenschütteln. Blättchen von je 3 Zweigen hacken, unter den Reis mischen. Zucchini damit füllen und in einen breiten Topf legen. 1/2 l Salzwasser angießen. Zugedeckt bei schwacher Hitze 30 Min. garen, herausnehmen, warm halten.

4 | Limette waschen, abtrocknen, mit dem Zestenreißer Streifen abziehen, den Saft auspressen. Eier mit Limettensaft verquirlen, unter den Zucchinisud rühren. Sauce erhitzen, bis sie dicklich wird und über das Gemüse gießen. Mit Limettenstreifen und übrigen Kräutern garnieren.

Spezialität aus China
Zwiebel-Reis

FÜR 4 PERSONEN
- 4 chinesische Trockenpilze (z. B. Shiitake-Pilze)
  250 g Naturreis | Salz
  2 mittelgroße Zwiebeln
  2 Knoblauchzehen
  2 Frühlingszwiebeln
  3 EL Sonnenblumenöl
  75 g Cashewkerne
  150 g TK-Erbsen
  3 EL helle Sojasauce
  2 EL gehackter Koriander

⏲ Zubereitung: 35 Min.
- Pro Portion ca.: 450 kcal

1 | Pilze in warmem Wasser 20 Min. einweichen. Reis in der doppelten Menge Salzwasser zugedeckt 30–35 Min. kochen, dann ausdampfen lassen. Zwiebeln schälen, in dünne Ringe schneiden. Knoblauch schälen und hacken. Frühlingszwiebeln putzen, waschen und in Stücke schneiden. Pilze abtropfen lassen und klein schneiden.

2 | 2 EL Öl im Wok stark erhitzen, die Zwiebelringe darin knusprig braun braten, auf Küchenpapier entfetten. 1 EL Öl im Wok erhitzen, Knoblauch und Frühlingszwiebeln darin glasig werden lassen. Pilze, Cashewkerne, Reis und Erbsen unterrühren, 3 Min. mitbraten. Sojasauce und Koriander unterrühren. Mit Zwiebeln bestreut servieren.

- Beilage: gebratenes Schweineschnitzel, oder gebratener, in Sojasauce marinierter Tofu

im Bild oben: **Zucchini mit Limettensauce**   *im Bild unten:* **Zwiebel-Reis**

Rezepte
MIT GEMÜSE, KRÄUTERN & KÄSE

herzhaft | preiswert
Bulgur mit Schafkäse

FÜR 4 PERSONEN
- 2 Zwiebeln
- 3 Spitzpaprikaschoten
- 2 Tomaten
- 250 g mittelfeiner Bulgur
- 2 EL Butter
- 1/4 l Gemüsebrühe
- 1/4 l Tomatensaft
- Salz | Pfeffer
- 2 EL gehackte glatte Petersilie | 2 Eier
- 200 g Schafkäse (Feta)

- Zubereitung: 40 Min.
- Backzeit: ca. 15 Min.
- Pro Portion ca.: 455 kcal

1 | Zwiebeln schälen, klein würfeln. Paprikaschoten halbieren, putzen, waschen, und in Stücke schneiden. Tomaten kurz überbrühen, häuten und ohne die Stielansätze würfeln. Bulgur in einem Sieb kalt abspülen und abtropfen lassen.

2 | Die Butter erhitzen. Zwiebeln und Paprikastücke darin 2 Min. anbraten. Tomaten unterrühren, 1 Min. dünsten. Brühe und Tomatensaft zugießen, aufkochen lassen. Bulgur unterrühren, mit Salz und Pfeffer würzen. Zugedeckt bei schwacher Hitze 15 Min. kochen lassen. Petersilie untermischen. Backofen auf 200° vorheizen.

3 | Bulgur in eine Auflaufform füllen. Käse grob zerdrücken. Eier mit Käse verquirlen, über den Auflauf gießen. Im Backofen (Mitte, Umluft 180°) 15 Min. backen.

- Beilage: grüner Salat mit einem Dressing aus Zitronensaft und Olivenöl

Spezialität aus dem Orient | raffiniert
Reis mit Auberginen

FÜR 4 PERSONEN
- 2 Auberginen
- 6 EL Olivenöl
- 300 g Naturreis
- 1 große Zwiebel
- 2 Tomaten
- 50 g Korinthen
- Salz | Pfeffer
- 1/2 TL Zimtpulver
- 1/2 TL gemahlener Piment
- 1/2 Bund glatte Petersilie
- 50 g grob gehackte Walnüsse

- Zubereitung: 40 Min.
- Pro Portion ca.: 540 kcal

1 | Auberginen waschen, putzen und etwa 1 cm groß würfeln. 4 EL Öl erhitzen und die Würfel darin bei mittlerer Hitze leicht braun anbraten, herausnehmen. Den Reis mit warmem Wasser bedeckt 10 Min. einweichen, dann in einem Sieb abtropfen lassen.

2 | Zwiebel schälen und klein würfeln. Tomaten kurz überbrühen, häuten und würfeln. 2 EL Öl erhitzen, die Zwiebel darin glasig werden lassen. Tomaten unterrühren und 1 Min. dünsten. Reis, Korinthen und Auberginen unterrühren. Mit Salz, Pfeffer, Zimt und Piment würzen.

3 | Mit 600 ml Wasser 5 Min. kochen lassen, zugedeckt bei schwacher Hitze in 25 Min. garen. Petersilie waschen, trockenschütteln, hacken und unter den Reis heben. Mit Nüssen bestreut servieren.

> **TIPP** Um Öl einzuparen, die ganzen Auberginen erst 5 Min. blanchieren, dann würfeln und in wenig Öl anbraten.

im Bild oben: **Reis mit Auberginen** *im Bild unten:* **Bulgur mit Schafkäse**

Rezepte
MIT GEMÜSE, KRÄUTERN & KÄSE

Spezialität aus Venetien
Risotto mit Radicchio

FÜR 4 PERSONEN
- 200 g länglicher Radicchio
  1 Zwiebel
  1 1/8 l Geflügelbrühe
  1 EL Olivenöl | 2 EL Butter
  350 g Risotto-Reis
  (z. B. Carnaroli-Reis)
  1/8 l Weißwein
  4 EL frisch geriebener Parmesan
  Salz | Pfeffer

🕒 Zubereitung: 30 Min.
➤ Pro Portion ca.: 605 kcal

1 | Radicchioblätter abzupfen, waschen, abtropfen lassen und in etwa 1 cm breite Streifen schneiden. Die Strünke schälen und würfeln. Zwiebel schälen und hacken. Brühe erhitzen.

2 | In einem Topf mit breitem Boden Öl mit 1 EL Butter erhitzen, Zwiebel darin goldgelb braten. Radicchio unterrühren, 1 Min. mitbraten. Reis dazugeben und unter Rühren anbraten. Mit Wein aufgießen und verdampfen lassen.

3 | Nach und nach kellenweise Brühe zugießen. Bei schwacher Hitze unter mehrmaligem Rühren kochen lassen, bis die Flüssigkeit nahezu aufgesogen ist. So viel Brühe zugießen, wie der Reis aufnimmt. Etwa 18 Min. kochen lassen, der Risotto soll noch Biss haben und geschmeidig sein. Übrige Butter und Parmesan unterrühren. Mit Salz und Pfeffer würzen. Sofort servieren.

Spezialität aus dem Piemont | geht schnell
Risotto mit Mischpilzen

FÜR 4 PERSONEN
- 300 g gemischte Pilze (z. B. Pfifferlinge, Steinpilze und Austernpilze)
  2 Knoblauchzehen
  1 EL Butter
  Salz | Pfeffer
  1 1/4 l Hühnerbrühe
  1 Zwiebel
  2 EL Olivenöl
  350 g Risotto-Reis
  (z. B. Arborio-Reis)
  100 g Sahne
  80 g Parmesan, frisch gerieben
  2 EL gehackte Petersilie

🕒 Zubereitung: 30 Min.
➤ Pro Portion ca.: 610 kcal

1 | Pilze putzen, abreiben, falls nötig waschen und trockentupfen, dann in Stücke zupfen oder schneiden. Knoblauch schälen und hacken.

2 | Butter erhitzen. Pilze und Knoblauch unter Rühren 2–3 Min. anbraten. Salzen, pfeffern und beiseite stellen.

3 | Brühe erhitzen. Zwiebel schälen und fein würfeln. Öl mittelstark erhitzen. Zwiebel und Reis darin glasig werden lassen. Einen Schöpflöffel Brühe unterrühren.

4 | Den Reis köcheln lassen, bis die Brühe fast aufgesogen ist. Immer wieder rühren und Brühe nachgießen. Nach 18 Min. Pilze und Sahne unterrühren, den Risotto aufkochen lassen, mit Salz und Pfeffer würzen. Parmesan und Petersilie unterrühren. Sofort servieren.

TIPP Statt mit frischen Pilzen können Sie den Risotto mit getrockneten, eingeweichten zubereiten. Dann etwas weniger Brühe, dafür das Einweichwasser verwenden.

◂ im Bild oben: **Risotto mit Radicchio**   im Bild unten: **Risotto mit Mischpilzen**

Mit Fisch & Meeresfrüchten

Reis, Bulgur und Couscous sind hervorragend in der Kombination mit Fisch und Meeresfrüchten. Die sanften Drei übertönen nämlich nicht die zarten Aromen von Garnelen oder Muscheln, sondern heben sie vielmehr hervor. Besonders praktisch: Alles lässt sich wunderbar in einem Topf zubereiten. Ob cremiges Tintenfisch-Risotto, Reis mit Muscheln aus Andalusien, die mit Bulgur gefüllten Kalmare oder eine üppige Paella – mit diesen Gerichten können Sie Ihre Gäste begeistern und verwöhnen.

35	Tintenfisch-Risotto	38	Reis mit Fisch und Garnelen
35	Reis mit Muscheln	40	Kräuter-Reis-Torte mit Lachs
37	Paella mit Meeresfrüchten	40	Kalmare mit Bulgurfüllung
38	Pilaw mit Garnelen und Sesam		

Rezepte
MIT FISCH & MEERESFRÜCHTEN

Blitzrezepte

Tintenfisch-Risotto

FÜR 4 PERSONEN

➤ 200 g kleine Tintenfische (küchenfertig) | 1 Zwiebel | 1 EL Butter | 2 EL Olivenöl | 350 g Risotto-Reis (Arborio- oder Vialone-Reis) | 100 ml Weißwein | 1/4 l Fischfond | Salz | Pfeffer | 10 breite Rucola-Blätter | 80 g Parmesan, frisch gerieben

1 | Tintenfische waschen, in Stücke schneiden. Zwiebel schälen, würfeln. Butter und Öl erhitzen. Zwiebel glasig werden lassen. Tintenfische mitbraten. Reis unterrühren. Wein zugießen und verdampfen lassen.

2 | Fond mit 600 ml Wasser erhitzen, nach und nach unter den Reis rühren, bei schwacher Hitze 20 Min. köcheln lassen. Mit Salz und Pfeffer würzen. Rucola waschen, trockenschütteln, streifig schneiden, unter den Risotto heben. Mit Parmesan bestreuen.

Reis mit Muscheln

FÜR 4 PERSONEN

➤ 16 große Miesmuscheln | 2 Zwiebeln | 3 Knoblauchzehen | 5 EL Olivenöl | 100 ml Weißwein | 1 Lorbeerblatt | 1 kleine Dose stückige Tomaten | 1/2 l Fischfond | Salz | Pfeffer | 400 g Rundkornreis | 2 grüne Paprikaschoten

1 | Muscheln waschen. Zwiebeln und Knoblauch schälen, hacken. 3 EL Öl erhitzen, beides darin glasig werden lassen. Mit Wein, Lorbeerblatt zugedeckt in 5 Min. garen, herausnehmen, warm halten.

2 | Tomaten, Fond und 1/2 l Wasser zum Sud gießen, aufkochen lassen, salzen und pfeffern. Reis darin in 20 Min. garen. Paprikaschoten halbieren, putzen, waschen, in Streifen schneiden. Übriges Öl erhitzen, Paprika anbraten. Reis mit Paprika und Muscheln belegen.

Rezepte
MIT FISCH & MEERESFRÜCHTEN

üppig | für Gäste
Paella mit Meeresfrüchten

FÜR 4 PERSONEN
- je 200 g Seehechtfilet und kleine Kalmare (küchenfertig)
- 16 frische Langustinos mit Panzer (ersatzweise Riesengarnelen)
- 20 Miesmuscheln
- 150 g junge TK-Erbsen
- 5 EL Olivenöl
- 1/2 l Fischfond (aus dem Glas)
- 250 g Rundkornreis (z. B. Bomba)
- 1 Döschen gemahlener Safran
- Salz
- Pfeffer
- 1 Knoblauchknolle
- je 1 große rote Paprikaschote und Fleischtomate

🕐 Zubereitung: 1 Std.
🕐 Backzeit: ca. 15 Min.
➤ Pro Portion ca.: 790 kcal

1 | Fisch in Streifen, Kalmare in Stücke schneiden. Langustinos entlang der Rückenmitte aufschneiden, von den schwarzen Därmen befreien. Muscheln waschen. Erbsen in einem Sieb lauwarm abspülen.

2 | In einer großen Paellapfanne 3 EL Öl erhitzen. Den Fisch je Seite bei mittlerer Hitze 1 Min. anbraten, herausnehmen und beiseite stellen. Kalmare und Garnelen anbraten, dann zum Fisch geben.

3 | Den Fond mit 1/2 l Wasser aufkochen lassen. Den Reis im übrigen Öl glasig werden lassen. Die Hälfte des Fonds mit Safran unterrühren, alles aufkochen lassen. Mit Salz und Pfeffer würzen.

4 | Die Knoblauchknolle waschen und ungeschält dazwischen setzen. Den Reis offen bei mittlerer Hitze 15 Min. kochen lassen, dabei gelegentlich umrühren. Immer wieder den Fond nachgießen. Den Backofen auf 180° vorheizen.

5 | Die Paprikaschote halbieren, putzen, waschen und in Stücke schneiden. Mit Erbsen, Fisch, Kalmaren und Garnelen unter den Reis heben. Die Muscheln darauf verteilen. Die Tomate kurz überbrühen, häuten und ohne den Stielansatz in feine Streifen schneiden. Die Tomatenstreifen auf der Paella verteilen.

6 | Die Paella mit Alufolie abdecken und im Backofen (Mitte, Umluft 160°) in 15 Min. fertig garen. Die Folie abnehmen, die Paella kurz ausdampfen lassen. Nicht geöffnete Muscheln entfernen und wegwerfen.

➤ Variante: Nach Belieben mit Zitronenachteln zum Beträufeln servieren.

➤ Getränk: frischer, trockener Weißwein aus Katalonien, dem Gebiet Penédes

Rezepte
MIT FISCH & MEERESFRÜCHTE

Spezialität aus Tunesien
Pilaw mit Garnelen und Sesam

FÜR 4 PERSONEN

- 400 g Kürbisfleisch (z. B. Hokkaido-Kürbis)
- 4 Schalotten
- 4 EL Olivenöl
- 250 g Langkornreis
- 550 ml Gemüsebrühe
- 4 EL Korinthen
- 1 Kardamomkapsel, aufgeschnitten
- 150 g gegarte geschälte Garnelen
- 1/2 Bund glatte Petersilie
- Salz | Pfeffer
- 2 EL Sesamsamen

🕒 Zubereitung: 35 Min.
▶ Pro Portion ca.: 425 kcal

1 | Kürbisfleisch etwa 3 cm groß würfeln. Schalotten schälen, grob würfeln. 2 EL Öl erhitzen. Kürbis darin 1 Min. andünsten, herausnehmen und beiseite stellen.

2 | 1 EL Öl dazugeben. Reis mit Schalotten unter Rühren darin glasig werden lassen. Brühe, Korinthen und Kardamom zufügen und aufkochen. Zugedeckt bei schwacher Hitze 5 Min. köcheln lassen.

3 | Kürbisstücke unterheben, 15 Min. kochen lassen. Garnelen abspülen, trockentupfen. Übriges Öl erhitzen, Garnelen darin kurz anbraten.

4 | Petersilie waschen, trockenschütteln und hacken. Reis mit Salz und Pfeffer würzen. Petersilie und Garnelen untermischen. Sesam in einer Pfanne ohne Fett hellbraun rösten und über den Pilaw streuen.

Spezialität aus Thailand
Reis mit Fisch und Garnelen

FÜR 4 PERSONEN

- Salz | 250 g Basmatireis
- 1 Bund Frühlingszwiebeln
- 2 Knoblauchzehen
- 1 rote Paprikaschote
- 1 Zucchini
- 300 g Rotbarschfilet
- 200 g mittelgroße, gegarte geschälte Garnelen
- 4 EL Erdnussöl
- 3 EL Austernsauce
- 3 EL Sojasauce

🕒 Zubereitung: 30 Min.
▶ Pro Portion ca.: 460 kcal

1 | 1/2 l Wasser mit 1 TL Salz aufkochen, den Reis darin zugedeckt bei schwacher Hitze 15 Min. kochen lassen. Auf der ausgeschalteten Herdplatte 5 Min. quellen lassen.

2 | Frühlingszwiebeln putzen, waschen, in etwa 2 cm lange Stücke schneiden. Knoblauch schälen und hacken. Paprikaschote halbieren, putzen, waschen und in Streifen schneiden. Zucchini waschen, putzen und würfeln. Fisch und Garnelen abspülen und trockentupfen, den Fisch würfeln.

3 | 2 EL Öl im Wok erhitzen. Frühlingszwiebeln und Knoblauch glasig werden lassen, an den Rand schieben. Paprika und Zucchini unter Rühren 2 Min. anbraten, ebenfalls beiseite schieben. Übriges Öl im Wok erhitzen. Fisch und Garnelen anbraten. Alles vermischen, mit Austern- und Sojasauce würzen und zugedeckt bei schwacher Hitze in 3–4 Min. fertig garen. Den Reis unterheben.

▶ Variante: Gehacktes Zitronengras untermischen, das sorgt für eine feine Würze.

Rezepte
MIT FISCH & MEERESFRÜCHTEN

braucht etwas Zeit
Kräuter-Reis-Torte mit Lachs

FÜR 8 PERSONEN

➤ 150 g Mehl (Type 405)
Salz | 70 g kalte Butter
3 Eier
3 Schalotten
150 g TK-Erbsen
150 g Paellareis
100 ml trockener Weißwein
Pfeffer
1 Bund Dill
150 g geräucherter Lachs
1–2 EL Zitronensaft
Mehl zum Arbeiten
Butter für die Form

🕒 Zubereitung: 45 Min.
🕒 Backzeit: ca. 55 Min.
➤ Pro Portion ca.: 320 kcal

1 | Mehl mit 1 Prise Salz, 50 g Butter, 1 Ei und 2–3 EL Wasser zu einem glatten Teig verkneten. Backofen auf 200° vorheizen. Eine Tarteform (etwa 26–28 Ø) dünn einfetten. Den Teig auf einer leicht bemehlten Arbeitsfläche dünn ausrollen, die Form damit auslegen. Mit der Gabel mehrmals einstechen. Im Backofen (Mitte, Umluft 180°) 12 Min. vorbacken, dann herausnehmen.

2 | Schalotten schälen, fein würfeln. Übrige Butter erhitzen, Schalotten darin glasig werden lassen. Erbsen und Reis darin kurz anbraten. Wein, 350 ml Wasser, Salz und Pfeffer dazugeben. Zugedeckt bei schwacher Hitze 20 Min. quellen lassen. Dill waschen, trockenschütteln, fein hacken. Lachs in Streifen schneiden.

3 | Lachs, die übrigen Eier und Dill unter den Reis mischen, mit Salz, Pfeffer und Zitronensaft abschmecken. Die Mischung auf dem Teigboden verteilen. Im Backofen bei 180° (Mitte, Umluft 160°) 40 Min. backen.

für Gäste
Kalmare mit Bulgurfüllung

FÜR 4 PERSONEN

➤ 800 g Kalmare mit mittelgroßen Säckchen (küchenfertig)
1 Zwiebel | 5 EL Olivenöl
3 EL gehackte Petersilie
1/2 l trockener Weißwein
1 kleine Dose Tomaten (400 g Inhalt)
Salz | Pfeffer
1 Msp. gemahlener Piment
100 g mittelfeiner Bulgur
50 g Pinienkerne
kleine Holzspießchen

🕒 Zubereitung: 40 Min.
➤ Pro Portion ca.: 540 kcal

1 | Kalmare waschen, Tentakel abtrennen und klein schneiden. Zwiebel schälen und würfeln. 3 EL Öl erhitzen, die Zwiebel darin glasig werden lassen. Petersilie, Tentakel, 1/4 l Wein und die Hälfte der Tomaten mit der Hälfte Saft unterrühren, dabei die Tomaten zerkleinern. Mit Salz, Pfeffer, Piment würzen. Zugedeckt bei schwacher Hitze etwa 15 Min. dünsten.

2 | Bulgur im Sieb waschen, abtropfen lassen. Pinienkerne und Bulgur unter die Tomaten rühren, auf der ausgeschalteten Herdplatte 10 Min. stehen lassen.

3 | Kalmaresäckchen mit Bulgur füllen, mit Holzspießchen verschließen. Übriges Öl erhitzen, Kalmaren anbraten. Restliche Tomaten mit Saft und übrigem Wein dazugeben, salzen und pfeffern. Zugedeckt bei schwacher Hitze in 20 Min. fertig garen.

im Bild oben: Kräuter-Reis-Torte mit Lachs   im Bild unten: Kalmare mit Bulgurfüllung ➤

Mit Fleisch & Geflügel

Die ideale Mischung aus Getreide, Gemüse und Fleisch sorgt dafür, dass diese Fleischmahlzeiten nicht so üppig sind. Djuwetsch-Reis vom Balkan, Jambalaya aus den Südstaaten der USA oder Tajine mit Huhn und Couscous aus Marokko überzeugen auch eingefleischte Liebhaber von Steak und Braten und beweisen dass »Körnerfutter« alles andere als langweilig schmeckt. Alle Gerichte entsprechen den Prinzipien einer gesunden und ausgewogenen Ernährung – wenig Fleisch, reichlich Kohlenhydrate und frisches Gemüse. Ein Versuch lohnt sich!

43	Hühnerbrust-Pilaw	50	Hühnerleber-Bulgur-Pastete
43	Bulgur mit Lamm	52	Wirsing mit Reis-Schinken-Füllung
44	Paprikareis mit Wurst		
44	Djuwetsch-Reis	52	Reis-Hackfleisch-Bällchen
46	Nasigoreng mit Sprossen	55	Weinblätter mit Reis-Hackfleisch-Füllung
46	Jambalaya		
49	Tajine mit Huhn und Couscous	56	Reiseintopf mit Kaninchen
49	Couscous mit Kalbfleisch	56	Reis-Nudel-Eintopf mit Lamm
50	Gefüllte Paprikaschoten		

Rezepte
MIT FLEISCH & GEFLÜGEL

Blitzrezepte

Hühnerbrust-Pilaw

FÜR 4 PERSONEN

➤ 300 g Hähnchenbrustfilet
4 Frühlingszwiebeln | 2 Tomaten | 4 EL Olivenöl | 300 g Patnareis | 150 g TK-Brechbohnen | 2 EL frische oder 2 TL getr. Thymianblättchen | 3/4 l Hühnerbrühe | je 1 Msp. gemahlener Piment und Kreuzkümmel | Salz | Pfeffer

1 | Fleisch grob würfeln. Frühlingszwiebeln putzen, waschen, in Stücke schneiden. Tomaten kurz überbrühen, häuten, ohne Stielansätze würfeln. Öl erhitzen. Fleisch anbraten. Reis darin glasig werden lassen.

2 | Gemüse und 1 EL Thymian 2 Min. mitdünsten. Brühe, Piment und Kreuzkümmel unterrühren. Zugedeckt bei schwacher Hitze 20 Min. köcheln lassen. Reis mit Salz und Pfeffer würzen, auflockern, mit restlichem Thymian bestreuen.

Bulgur mit Lamm

FÜR 4 PERSONEN

➤ 300 g Lammfleisch (aus der Keule)
2 Zwiebeln | 4 Tomaten | 2 Peperoni 250 g mittelfeiner Bulgur | 1 EL Butter 3/4 l Fleischbrühe | 1 kleine Dose Kichererbsen (240 g Abtropfgewicht) Salz | Pfeffer

1 | Fleisch etwa 2 cm groß würfeln. Zwiebeln schälen, klein schneiden. Tomaten kurz überbrühen, häuten, ohne Stielansätze in Stücke schneiden. Die Peperoni waschen, putzen, in Ringe schneiden. Bulgur abspülen und abtropfen lassen.

2 | Butter schmelzen, Fleisch anbraten. Mit Gemüse und Brühe zugedeckt bei schwacher Hitze 20 Min. köcheln lassen. Bulgur und Kichererbsen unterrühren, bei schwacher Hitze in 10 Min. garen. Mit Salz und Pfeffer würzen.

Rezepte
MIT FLEISCH & GEFLÜGEL

Spezialität aus Ungarn
Paprikareis mit Wurst

FÜR 4 PERSONEN
- 2 mittelgroße Zwiebeln
  750 g rote Paprikaschoten
  250 g scharfe Paprikawurst (z. B. Chorizo oder Paprikasalami)
  1 EL Butter
  1 große Dose Tomaten (800 g Inhalt)
  Salz | Pfeffer
  1 TL edelsüßes Paprikapulver
  250 g Naturreis
  4 EL saure Sahne

- Zubereitung: 30 Min.
- Pro Portion ca.: 605 kcal

1 | Die Zwiebeln schälen, vierteln und in Streifen schneiden. Die Paprikaschoten halbieren, putzen, waschen, vierteln und in Stücke schneiden.

2 | Die Wurst pellen, in etwa 1 cm breite Scheiben schneiden. Die Butter mittelstark erhitzen. Zwiebeln und Paprikastücke kurz anbraten. Wurst und Tomaten mit Saft unterrühren, dabei die Tomaten zerkleinern. Mit Salz, Pfeffer und Paprikapulver würzen. Zugedeckt bei schwacher Hitze 20 Min. dünsten.

3 | In der Zwischenzeit den Reis in 1/2 l Salzwasser in 30–35 Min. garen, ausdampfen lassen und unter das Gemüse heben. Anrichten, je 1 EL Saure Sahne leicht untermischen und servieren.

Spezialität aus Serbien herzhaft
Djuwetsch-Reis

FÜR 4 PERSONEN
- 2 Zwiebeln
  2 rote oder grüne Paprikaschoten
  1 Aubergine
  250 g grüne Bohnen
  4 EL Olivenöl
  500 g Schweinegulasch
  Salz | Pfeffer
  200 g Langkornreis
  1 große Dose Tomaten (800 g Inhalt)
  700 ml Gemüsebrühe
  70 g Schafkäse

- Zubereitung: 35 Min.
- Backzeit: ca. 1 Std. 30 Min.
- Pro Portion ca.: 430 kcal

1 | Zwiebeln schälen und in dünne Ringe schneiden. Paprikaschoten halbieren, putzen, waschen und in Stücke schneiden. Aubergine waschen, putzen und würfeln. Bohnen waschen, putzen und einmal durchbrechen.

2 | 2 EL Öl in einer Pfanne stark erhitzen. Das Fleisch rundum anbraten. Zwiebeln dazugeben und glasig werden lassen. Mit Salz und Pfeffer würzen und in eine große, hohe, feuerfeste Form füllen. Den Reis darüber streuen. Backofen auf 180° vorheizen.

3 | Übriges Öl in derselben Pfanne erhitzen. Paprikastücke und Auberginen 2–3 Min. darin anbraten, in die Form geben. Tomaten grob zerkleinern und mit Saft darauf verteilen. Alles vermischen, die Brühe darüber gießen. Die Form mit einem Deckel oder Alufolie verschließen. Den Reis im Backofen (unten, Umluft 160°) in 1 Std. 30 Min. garen.

- Getränk: kräftiger Rotwein, z.B. ein Amselfelder

im Bild oben: Djuwetsch-Reis   im Bild unten: Paprikareis mit Wurst

Rezepte
MIT FLEISCH & GEFLÜGEL

Spezialität aus Indonesien für Gäste

Nasigoreng mit Sprossen

FÜR 4 PERSONEN

- Salz
  350 g Basmatireis
  2 große Eier
  Pfeffer
  4 EL Sonnenblumenöl
  250 g Schweinefilet
  4 EL helle Sojasauce
  120 g gegarte geschälte Garnelen
  200 g Sojabohnensprossen
  1 Zwiebel
  2 Knoblauchzehen
  1/2 TL Trasi (Garnelenpaste)

- Zubereitung: 45 Min.
- Pro Portion ca.: 705 kcal

1 | 3/4 l Salzwasser aufkochen lassen. Den Reis zugedeckt bei schwacher Hitze 15 Min. kochen lassen. Auf der ausgeschalteten Herdplatte 10 Min. quellen, dann ausdampfen lassen.

2 | Eier mit 2–3 EL Wasser, Salz und 1 Prise Pfeffer verquirlen. 1 EL Öl im Wok erhitzen. Für das Omelett die Eier darin stocken lassen, auf einen Teller gleiten lassen und aufrollen.

3 | Das Filet in dünne Streifen schneiden, in Sojasauce marinieren. Garnelen und Sprossen kalt abspülen und abtropfen lassen. Zwiebel und Knoblauch schälen, beides hacken. Mit Trasi im Mörser zerreiben.

4 | Übriges Öl im Wok erhitzen, die Zwiebelmischung kurz anbraten. Das Fleisch unter Rühren 2 Min. braten. Die Garnelen 2 Min. mitbraten. Sprossen und Reis untermischen und 2 Min. braten. Das Omelett in Streifen schneiden, das Nasigoreng damit garnieren.

Spezialität aus den Südstaaten

Jambalaya

FÜR 4 PERSONEN

- 1 Masthuhn (küchenfertig, ca. 1,2 kg)
  1 Kräuterbündel aus Thymian, Lorbeerblätter und Rosmarin
  Salz | 1 TL Pfefferkörner
  100 g scharfe Pfeffersalami
  2 mittelgroße Zwiebeln
  2 Knoblauchzehen
  2 Möhren
  1 Stange Staudensellerie
  3 Eiertomaten
  3 EL Olivenöl
  250 g Langkornreis

- Zubereitung: 1 Std.
- Pro Portion ca.: 1040 kcal

1 | Das Huhn mit Kräutern, 1 TL Salz und Pfefferkörnern mit Wasser bedeckt 45–50 Min. kochen lassen. Das Huhn aus der Brühe heben, kalt werden lassen, häuten, entbeinen und in Stücke teilen. Die Wurst häuten, in Scheibchen schneiden. Zwiebeln und Knoblauch schälen, beides klein würfeln. Möhren putzen und schälen, Sellerie waschen, beides in Scheiben schneiden. Tomaten kurz überbrühen, häuten und ohne die Stielansätze würfeln.

2 | Öl in einer großen Pfanne mit hohem Rand erhitzen. Zwiebeln und Knoblauch darin glasig werden lassen. Wurst, Gemüse und Reis kurz anschmoren. 1/2 l Hühnerbrühe angießen. Zugedeckt bei schwacher Hitze 20–25 Min. kochen lassen, bis der Reis die Brühe aufgenommen hat, aber noch saftig ist. Fleisch unterheben, mit Salz abschmecken, kurz erhitzen und servieren.

im Bild oben: **Jambalaya**   *im Bild unten:* **Nasigoreng mit Sprossen**

Rezepte
MIT FLEISCH & GEFLÜGEL

Spezialität aus Marokko

Tajine mit Huhn und Couscous

FÜR 4 PERSONEN

- 1 große Zwiebel
  1 Brathuhn (küchenfertig, ca. 1 kg)
  Salz | Pfeffer
  3 EL Butter
  1 Zimtstange
  150 g entsteinte, weiche Backpflaumen
  1/2 TL Zimtpulver
  1 EL Honig
  1 TL Öl
  100 g geschälte Mandeln
  500 g mittelfeiner Couscous

- Zubereitung: 1 Std. 20 Min.
- Pro Portion ca.: 730 kcal

1 | Zwiebel schälen, fein reiben. Das Huhn innen und außen salzen und pfeffern. 2 EL Butter schmelzen. Huhn, Zwiebel und Zimtstange zugeben. Mit 3/8 l Wasser zugedeckt bei schwacher Hitze in etwa 45 Min. garen, dabei das Huhn umdrehen.

2 | Das Huhn aus der Brühe nehmen, abkühlen lassen, in Stücke teilen. Zimtstange wegwerfen. Backpflaumen in der Brühe bei schwacher Hitze 15 Min. köcheln lassen. Zimtpulver und Honig unterrühren, die Sauce offen bei starker Hitze dicklich einkochen lassen, mit Salz und Pfeffer kräftig abschmecken.

3 | Fleisch in die Sauce legen. Öl erhitzen, Mandeln darin goldgelb rösten. Couscous nach Packungsanweisung zubereiten, übrige Butter unterrühren. Das Huhn mit Mandeln bestreuen und mit Couscous servieren.

Spezialität aus Tunesien

Couscous mit Kalbfleisch

FÜR 4 PERSONEN

- 500 g Kalbfleisch vom Nacken
  2 Zwiebeln
  3 Tomaten
  1 Zimtstange
  Salz | Pfeffer
  4 Möhren
  2 Zucchini
  2 kleine Auberginen
  400 g Kürbisfleisch
  3 Zweige Koriander
  500 g mittelfeiner Couscousgrieß (Instant)

- Zubereitung: 1 Std.
- Pro Portion ca.: 605 kcal

1 | Fleisch in große Würfel schneiden. Zwiebeln schälen, klein würfeln. Tomaten kurz überbrühen, häuten und ohne die Stielansätze würfeln. Fleisch, Zwiebeln, Tomaten, Zimt, 1 TL Salz und Pfeffer in einen Topf geben. Das Fleisch mit kochendem Wasser bedecken, alles zugedeckt bei schwacher Hitze 30 Min. köcheln lassen.

2 | Die Möhren putzen und schälen. Zucchini waschen, putzen und halbieren. Auberginen waschen, putzen und vierteln. Das Kürbisfleisch in breite Streifen schneiden. Koriander waschen, trockenschütteln und grob hacken.

3 | Das Gemüse zum Fleisch geben und 15–20 Min. mitkochen. Den Couscous nach Packungsanweisung zubereiten. Auf einer Platte zu einem spitzen Kegel häufen. Fleisch und Gemüse dekorativ rundherum legen. Mit etwas Brühe beträufeln.

◂ im Bild oben: **Tajine mit Huhn und Couscous**   im Bild unten: **Couscous mit Kalbfleisch**

Rezepte
MIT FLEISCH & GEFLÜGEL

Spezialität aus Ungarn
Gefüllte Paprikaschoten

FÜR 4 PERSONEN

- 8 rote Paprikaschoten
  1 Zwiebel | 1 EL Butter
  300 g Schweinemett
  80 g Langkornreis
  4 EL gehackte Petersilie
  Salz | Pfeffer
  1 große Dose Tomaten (800 g Inhalt)
  1/2 TL Zucker
  200 g saure Sahne

Zubereitung: 40 Min.
- Pro Portion ca.: 490 kcal

1 | Paprikaschoten waschen, von Stielansätzen befreien, entkernen und ausspülen. Zwiebel schälen und fein reiben. Butter erhitzen, Zwiebel darin glasig werden lassen.

2 | Fleisch und Reis 2 Min. mitbraten. Mit 2 EL Petersilie Salz und Pfeffer würzen. Die Schoten damit füllen und in den Topf legen.

3 | Tomaten mit Saft durch ein Haarsieb streichen. Mit Salz, Pfeffer und Zucker würzen und auf den Schoten verteilen. Zugedeckt bei schwacher Hitze in 40 Min. garen. Je 1 Klecks saure Sahne obenauf geben. Mit der übrigen Petersilie bestreut servieren.

- Getränk: vollmundiger ungarischer Rotwein

für Gäste
Hühnerleber-Bulgur-Pastete

FÜR 6 PERSONEN

- 400 g mittelfeiner Bulgur
  Salz
  6 EL Butter
  2 Zwiebeln | 2 Möhren
  250 g Hühnerleber
  1 kleine Dose Tomaten (400 g Inhalt)
  je 3 EL gehackte Petersilie und Minze
  Pfeffer
  1 gestrichener TL Zimtpulver
  2 Yufka-Teigblätter
  50 ml Milch
  Fett für die Form

Zubereitung: 1 Std.
Backzeit: ca: 30 Min.
- Pro Portion ca.: 305 kcal

1 | Bulgur in einem Sieb abspülen, abtropfen lassen. 800 ml Wasser mit 1 TL Salz und 1 EL Butter aufkochen lassen. Bulgur darin in 10 Min. garen. Auf der ausgeschalteten Herdplatte 20 Min. quellen lassen.

2 | Zwiebeln schälen und klein würfeln. Möhren putzen, schälen und grob raspeln. Leber würfeln. 1 EL Butter erhitzen. Zwiebeln und Möhren 1 Min. anbraten. Tomaten mit Saft zufügen, dabei die Tomaten zerkleinern. Alles bei schwacher Hitze 3 Min. köcheln lassen. Bulgur, Petersilie und Minze untermischen. Mit Salz, Pfeffer und Zimt würzen. 1 EL Butter erhitzen, Leber bei mittlerer Hitze kurz anbraten, salzen und pfeffern, unter den Bulgur mischen. Backofen auf 180° vorheizen.

3 | 1 runde Form (28 cm Ø) einfetten. Übrige Butter mit Milch erwärmen. Die Teigblätter auf einer Arbeitsfläche auslegen, leicht mit Wasser besprühen, mit Butter-Milch-Gemisch einpinseln. Teig in die Form legen, Bulgur einfüllen. Die überhängenden Teigränder darüber klappen und mit übrigem Butter-Milch-Gemisch einpinseln. Im Backofen (Mitte, Umluft 160°) 25–30 Min. backen.

Rezepte
MIT FLEISCH & GEFLÜGEL

gelingt leicht
Wirsing mit Reis-Schinken-Füllung

FÜR 4 PERSONEN
- 12 große Wirsingblätter
  150 g gekochter Schinken in dicken Scheiben
  150 g Egerlinge
  1 Zwiebel | 1 EL Butter
  150 g Basmatireis
  1/2 l Gemüsebrühe
  1/2 TL getrockneter Majoran
  Salz | Pfeffer
  150 g Kräuter-Crème fraîche

⏲ Zubereitung: 40 Min.
- Pro Portion ca.: 395 kcal

1 | Die Blätter in kochendem Wasser 2 Min. blanchieren, kalt abschrecken und abtropfen lassen. Die Rippen der Wirsingblätter flach schneiden. Den Schinken würfeln. Egerlinge putzen, abreiben und grob hacken. Zwiebel schälen und klein würfeln.

2 | Butter erhitzen, Zwiebel darin glasig werden lassen. Schinken und Pilze unterrühren und bei schwacher Hitze 1 Min. mitdünsten. Reis, 1/4 l Brühe und Majoran dazugeben, zugedeckt bei schwacher Hitze 10 Min. vorgaren. Mit Salz und Pfeffer würzen.

3 | Die Wirsingblätter ausbreiten, die Füllung darauf verteilen. Die Blätter aufrollen, dabei die Seiten einschlagen. Mit den Öffnungen nach unten in eine große Pfanne legen. Restliche Brühe angießen. Zugedeckt bei mittlerer Hitze 25 Min. garen, herausnehmen, warm halten. Den Sud bei starker Hitze leicht einkochen lassen, Crème fraîche unterrühren, salzen und pfeffern. Sauce über die Rouladen gießen.

Spezialität aus der Türkei
Reis-Hackfleisch-Bällchen

FÜR 4 PERSONEN
- 100 g Rundkornreis
  2 Zwiebeln
  500 g Rinderhackfleisch
  Salz | Pfeffer
  4 EL gehackte Petersilie
  2 EL Mehl
  1 mittelgroße Möhre
  1 EL Butter
  1 Zitrone | 1 großes Ei
  1 Msp. scharfes oder mildes Paprikapulver

⏲ Zubereitung: 30 Min.
- Pro Portion ca.: 440 kcal

1 | Reis mit lauwarmem Wasser bedecken und 5–7 Min. einweichen. Zwiebeln schälen und hacken. Hackfleisch, Hälfte der Zwiebeln, Salz, Pfeffer und 2 EL Petersilie in eine Schüssel geben. Reis abtropfen lassen, zum Fleisch geben und gründlich vermischen. Aus der Masse walnussgroße Bällchen formen, diese in Mehl wälzen.

2 | Möhre putzen, schälen und sehr klein würfeln. 3/4 l Wasser mit Möhre, übriger Zwiebel, 1 TL Salz und Butter aufkochen lassen. Fleischbällchen darin bei schwacher Hitze 20 Min. ziehen lassen.

3 | Den Saft der Zitrone auspressen, mit dem Ei verquirlen. Die Klößchen in der Brühe kurz abkühlen lassen. Das Ei mit dem Schneebesen unterrühren, kurz erhitzen, aber nicht kochen lassen. Mit Salz und Pfeffer abschmecken, mit Petersilie und Paprikapulver bestreuen.

- Beilage: Fladenbrot

Rezepte
MIT FLEISCH & GEFLÜGEL

Spezialität aus Griechenland
Weinblätter mit Reis-Hackfleisch-Füllung

FÜR 4 PERSONEN
- 35 eingelegte Weinblätter (ca. 200 g)
- 1 mittelgroße Zwiebel
- je 1/2 Bund glatte Petersilie und Dill
- 3 EL Olivenöl
- 250 g Rinderhackfleisch
- 100 g Patnareis
- 1/4 l Gemüsebrühe
- Salz | Pfeffer
- 1 1/2 Zitrone
- 20 g Butter
- 2 mittelgroße Eier

🕐 Zubereitung: 1 Stunde
- Pro Portion ca.: 390 kcal

1 | Weinblätter in kaltes Wasser legen. Zwiebel schälen, würfeln. Kräuter waschen, trockenschütteln und hacken.

2 | Öl erhitzen. Zwiebel und Fleisch anbraten, bis der Saft verdampft ist. Reis, Kräuter und Brühe unterrühren, zugedeckt 15 Min. garen, mit Salz und Pfeffer abschmecken.

3 | Weinblätter abtropfen lassen. Den Boden eines Topfs mit 5 Blättern auslegen. Die übrigen entstielen und mit der glatten Seite nach unten auslegen. Je 1 gehäuften TL Füllung auf die breite Blattseite geben, beide Seiten über die Füllung schlagen, aufrollen.

4 | Die Röllchen mit den Öffnungen nach unten in den Topf legen, darauf die nächste Lage legen. Mit einem umgedrehten Teller beschweren.

5 | Den Saft der Zitronen auspressen. 3/4 l kochendes Wasser mit Butter und einem Drittel Zitronensaft zu den Röllchen gießen, zum Kochen bringen. Zugedeckt bei schwacher Hitze 40 Min. kochen lassen. Röllchen aus dem Sud heben, warm halten.

6 | Übrigen Zitronensaft mit den Eiern verquirlen, unter den Sud rühren und erhitzen, bis er dicklich wird. Mit Salz und Pfeffer abschmecken, die Sauce über die Röllchen gießen.

- Beilage: frisches Fladenbrot
- Getränk: trockener Weißwein von der Insel Kreta

> 1 Entsalzen
Weinblätter 25–30 Min. in kaltes Wasser legen.

> 2 Vorbereiten
Topf mit Blättern auslegen, damit die Röllchen nicht ankleben.

> 3 Füllen
Füllung auf breite Seite geben, Seiten einschlagen, aufrollen.

> 4 Einschichten
Röllchen in zwei Lagen einschichten.

Rezepte
MIT FLEISCH & GEFLÜGEL

Spezialität aus Mallorca
Reiseintopf mit Kaninchen

FÜR 4 PERSONEN

- 2 Kaninchenkeulen (ca. 500 g)
- 50 g scharfe Paprikawurst
- 1 große Zwiebel
- 4 Knoblauchzehen
- 2 Tomaten
- 3 EL Olivenöl
- Salz | Pfeffer
- je 1 Zweig Thymian und Rosmarin
- 200 g TK-Brechbohnen
- 350 g Rundkornreis
- 3 EL gehackte Petersilie

- Zubereitung: 30 Min.
- Backzeit: ca. 25 Min.
- Pro Portion ca.: 590 kcal

1 | Kaninchenkeulen in 4 Teile, Wurst in Scheiben schneiden. Zwiebel schälen, würfeln. Knoblauch schälen und 2 Zehen hacken. Tomaten kurz überbrühen, häuten und ohne die Stielansätze würfeln.

2 | Öl in einer großen, ofenfesten Pfanne erhitzen. Das Fleisch bei mittlerer Hitze anbraten. Wurst, Zwiebel und gehackten Knoblauch kurz mitbraten. Mit Tomaten, 1/4 l Wasser aufkochen lassen, salzen und pfeffern. Kräuterzweige zufügen. Zugedeckt bei schwacher Hitze 10 Min. kochen lassen. Backofen auf 180° vorheizen.

3 | Bohnen und Reis unterrühren. Heißes Wasser zugießen, etwa 2 cm hoch über dem Eintopf, und aufkochen lassen. Mit Alufolie verschließen, im Backofen (unten, Umluft 160°) in 25 Min. garen. Petersilie zugeben und übrigen Knoblauch dazupressen, verrühren. Mit Salz und Pfeffer abschmecken.

Spezialität aus Griechenland
Reis-Nudel-Eintopf mit Lamm

FÜR 4 PERSONEN

- 700 g Lammfleisch (aus der Keule)
- 2 Zwiebeln
- 2 Knoblauchzehen
- 500 g Tomaten
- 4 EL Olivenöl
- 1 EL Tomatenmark
- Salz | Pfeffer
- 1 TL getrockneter Oregano
- 150 g reisförmige Nudeln
- 150 g Langkornreis
- 100 g geriebener Emmentaler

- Zubereitung: 45 Min.
- Backzeit: ca. 1 Std.
- Pro Portion ca.: 1145 kcal

1 | Fleisch würfeln. Zwiebeln und Knoblauch schälen, fein hacken. Tomaten überbrühen, häuten und ohne Stielansätze würfeln. 3 EL Öl im ofenfesten Topf erhitzen.

2 | Fleisch bei mittlerer Hitze hellbraun anbraten. Zwiebeln und Knoblauch kurz mitbraten. Tomaten, Tomatenmark und 3/4 l heißes Wasser unterrühren. Mit Salz, Pfeffer und Oregano würzen. Zugedeckt bei schwacher Hitze 10 Min. köcheln lassen. Den Backofen auf 225° vorheizen.

3 | 1 EL Öl erhitzen, Nudeln darin hellbraun braten. Reis unterrühren und glasig werden lassen. Unter den Eintopf rühren. Mit Alufolie verschließen. Im Backofen (unten, Umluft 220°) in 1 Std. garen. Zwischendurch einmal umrühren, nach Bedarf heißes Wasser zugießen. Den Käse extra dazu servieren.

im Bild oben: Reis-Nudeln-Eintopf mit Lamm   im Bild unten: Reiseintopf mit Kaninchen

Glossar

Currypaste: Milde oder scharfe Paste mit verschiedenen indischen Gewürzen, die mit Öl geschmeidig und haltbar gemacht wird. Sie wird im Glas in Asienshops angeboten und hält sich ungeöffnet über Monate. Eine schnelle Würze für Saucen, Reis, Geflügel, Gemüsesalate und Eier; kann durch Currypulver ersetzt werden.

Ghee: Reines, ausgelassenes Butterfett, das in der indischen und orientalischen Küche zum Braten und Kochen verwendet wird. Es verleiht Gerichten ein nussig-säuerliches Aroma. Ghee können Sie in asiatischen oder arabischen Lebensmittelläden kaufen. Es hält sich im Kühlschrank längere Zeit. Als Ersatz können Sie auch Butterschmalz nehmen.

Harissa: Paste aus scharfen oder milden roten Paprikaschoten, gewürzt mit Knoblauch, Kreuzkümmel und Salz. Olivenöl macht diese Paste geschmeidig. Harissa ist die wichtigste Würzzutat der nordafrikanischen Küche und ideal zum Würzen von Saucen und Suppen. Harissa wird sowohl in kleinen Dosen als auch in Tuben angeboten. Guter Ersatz ist Sambal oelek.

Kichererbsen: Getrocknete, gelbliche Erbsen mit sehr langer Garzeit. Deshalb werden sie über Nacht in reichlich kaltem Wasser eingeweicht und am nächsten Tag mit frischem Wasser 1 1/2–2 Stunden gekocht. Wer Zeit sparen möchte, nimmt Kichererbsen aus der Dose. Diese finden Sie im gut sortierten Supermarkt bzw. im griechischen oder türkischen Lebensmittelladen.

Kokosmilch: Dickflüssige, cremige, weiße Masse aus Kokosnuss und Wasser. In der ostasiatischen Küche wird sie für Suppen und Saucen verwendet. Kokosmilch schmeckt nussig, süßlich und wird für herzhafte und süße Gerichte verwendet. Sie ist in Dosen im Asienshop oder gut sortierten Supermärkten erhältlich.

Kreuzkümmel: Wird auch Cumin genannt, die Körner ähneln dem heimischen Gartenkümmel, haben jedoch ein herbes, ganz eigenes Aroma. Frisch gemahlen entfaltet er erst sein volles Aroma. In der orientalischen Küche wird er hauptsächlich zum Würzen von Fleisch- und Fischgerichten verwendet. Erhältlich in Supermärkten und türkischen Lebensmittelläden.

Langustino: Oder auch »Scampi« ist die kleine Schwester der Languste, ein Krustentier aus dem Mittelmeer mit langen, schmalen Scheren. Langustinos gehören zur Paella. Wer keine bekommt, nimmt einfach Garnelen.

Nori-Blätter: Getrocknete Algen, die in der japanischen Küche zum Einwickeln oder Belegen von Sushis verwendet wird. Nori-Blätter bekommen Sie im Asienshop.

Orangenblütenwasser: Aus Orangenblüten gewonnene duftende, leicht bittere Essenz, die in der orientalischen und spanischen Küche zum Würzen herzhafter und süßer Gerichte verwendet wird, vor allem von Reis, Couscous und Gebäck. Erhältlich in der Apotheke.

Paella-Reis: Für Paella, das berühmte spanische Reisgericht, wird Rundkornreis verwendet, der viel Flüssigkeit aufnimmt, doch im Kern bissfest bleibt. Spezielle Sorten werden auf riesigen Feldern in der Lagune von Albufeira bei València, im Ebro-Delta und im Gebiet des Rio Segura bei der Stadt Calasparra angebaut. Zu den bekanntesten Reissorten dieser

Extra
GLOSSAR

Region gehören Arrós de València und regionaltypische Sorten wie Senia, Bahia, Balilla, Sollana und Bomba. Sie eignen sich nicht nur für Paella, sondern auch für Milchreis und andere Gerichte mit Rundkornreis. Diese Reissorten sind im Feinkosthandel oder in gut sortierten Supermärkten erhältlich.

Paprikawurst: Kräftig rot in der Farbe und würzig bis scharf im Geschmack sind diese dünnen oder verschieden dicken Würste, z. B. Chorizo aus Spanien und luftgetrocknete Paprika-Salami aus Kalabrien oder Ungarn. Sie finden die Sorten in der Wursttheke mit internationalen Spezialitäten oder auf dem Wochenmarkt. Sie sind ideal für herzhafte Eintöpfe.

Pilaw: Reis- oder Bulgurgericht aus dem Orient, das mit Fleisch, Fisch oder Geflügel und Gemüse zubereitet und kräftig mit Gewürzen abgeschmeckt wird.

Reisförmige Nudeln: Wie Reiskörner geformte griechische Nudeln für Suppen und Eintöpfe.

Risotto: Das Gericht stammt wahrscheinlich aus den italienischen Provinzen Lombardei und Piemont. Risotto ist eine trockene, cremige Suppe, in der sich die Reiskörner ab einer bestimmten Garzeit und nach mehrmaligem Rühren miteinander verbinden. Durch die Freisetzung der Stärke beim Kochen ergibt sich die angenehm cremige Konsistenz. Für dieses Gericht wird italienischer Rundkornreis verwendet, zum Beispiel Vialone-Reis, der sich gut mit Butter und Käse verbindet oder Carnaroli-Reis mit etwas festeren Körnern, der die Kochflüssigkeit optimal aufsaugt. Diese Sorten gibt es im Feinkosthandel oder im gut sortierten Supermarkt.

Rote Linsen: Die kleinen, geschälten, orangeroten Linsen sind mild-würzig mit leicht pfeffrigem Aroma. Sie eignen sich für Suppen oder als Zutat zu Reis- und Bulgurgerichten. Sie werden vorher nicht eingeweicht und sind bereits nach 10–15 Min. gar. Rote Linsen gibt es in türkischen oder orientalischen Lebensmittelläden, im Reformhaus oder Naturkostladen.

Tahin: Gesunde Sesampaste, die auch Tahina genannt wird. Sie ist außer für Pasten aus Hülsenfrüchten und Gemüse, Brotaufstriche und Saucen auch als Suppenzutat verwendbar. Da sich das Sesamöl auf der Oberfläche absetzt, sollten Sie die Paste vor dem Gebrauch gut durchrühren. Tahin wird im Glas angeboten. Außer in türkischen und griechischen Läden gibt es die Paste auch im Bioladen oder Reformhaus.

Trasi: Indonesische Krabbenpaste zum Würzen von Reisgerichten. Trasi ist im Asienshop oder Supermarkt erhältlich.

Wasabi: Scharfer grüner Meerrettich. Erhältlich als fertige Paste in Tuben oder als Pulver, das dann mit Wasser angerührt werden muss. Wasabi ist in der japanischen Küche beliebt und gehört zu Sushi.

Weinblätter: Weinblätter, in Salzlake haltbar gemacht, eignen sich vorzüglich zum Füllen mit Reis oder Bulgur. Sie werden im Supermarkt, im Regal mit ausländischen Spezialitäten in Gläsern angeboten. Im türkischen oder griechischen Lebensmittelladen sind die Blätter in Folie eingeschweißt oder sogar lose erhältlich. Vor der Zubereitung die Blätter zum Entsalzen in reichlich klares kaltes Wasser legen.

Yufka-Teigblätter: Dünn ausgerollte, große Strudelteigblätter für gefüllte Pasteten, für Teigtäschchen oder -röllchen. In Folie luftdicht eingeschweißt gibt es die Teigblätter im türkischen Lebensmittelladen. Guter Ersatz ist Blätterteig.

Zum Gebrauch
Damit Sie Rezepte mit bestimmten Zutaten noch schneller finden können, stehen in diesem Register zusätzlich auch beliebte Zutaten wie Garnelen oder Kichererbsen – ebenfalls alphabetisch geordnet und **halbfett** gedruckt – über den entsprechenden Rezepten.

A
Auberginen
- Couscous mit Kalbfleisch — 49
- Djuwetsch-Reis — 44
- Reis mit Auberginen — 30

B
Basisrezpte — 8, 9
Basmatireis
- Warenkunde — 5
- Wirsing mit Reis-Schinken-Füllung — 52

Beilagen (Basisrezepte) — 8

Bohnen
- Djuwetsch-Reis — 44
- Hühnerbrust-Pilaw — 43
- Reiseintopf mit Kaninchen — 56

Bulgur
- Beilage — 8
- Bulgur garen — 7
- Bulgur mit Lamm — 43
- Bulgur mit Schafkäse — 30
- Bulgur-Apfel-Schmarren — 9
- Bulgurecken, Gefüllte — 11
- Bulgursuppe mit roten Linsen — 20
- Warenkunde — 6

C
Chinakohl mit Bulgurfüllung — 18

Couscous
- Beilage — 8
- Couscous mit Kalbfleisch — 49
- Couscous-Creme mit Früchten — 9
- Couscous-Quark-Blini — 14
- Couscous-Suppe mit Fleischklößchen — 23
- Couscous-Timbale — 12
- Tajine mit Huhn und Couscous — 49
- Warenkunde — 6

Couscoussier (Warenkunde) — 6
Currypaste (Glossar) — 58

D/E
Djuwetsch-Reis — 44
Erbsen
- Paella mit Meeresfrüchten — 37
- Zwiebel-Reis — 28

G
Garmethoden (Theorie) — 7
Garnelen
- Pilaw mit Garnelen und Sesam — 38
- Reis mit Fisch und Garnelen — 38
- Reis-Fritters mit Garnelen — 14
- Reissuppe mit Kokosmilch — 23

Gefüllte Bulgurecken — 12
Gefüllte Paprikaschoten — 50
Ghee (Glossar) — 58

H
Hackfleisch
- Couscous-Suppe mit Fleischklößchen — 23
- Reis-Hackfleisch-Bällchen — 52
- Weinblätter mit Reis-Hackfleisch-Füllung — 55
- Zucchini mit Limettensauce — 28

Harissa (Glossar) — 58
Hühnerbrust-Pilaw — 43
Hühnerleber-Bulgur-Pastete — 50
Hühnersuppe mit Reis und Gemüse — 25

I/J
Instant-Couscous — 7
Jambalaya — 46
Jasminreis (Warenkunde) — 5
Joghurtsuppe mit Reis und Minze — 25

K
Kalmare mit Bulgurfüllung — 40
Kichererbsen
- Bulgur mit Lamm — 43
- Glossar — 58
- Reissuppe mit Fenchel — 20

Knusprige Reisbällchen — 9
Kokosmilch
- Glossar — 58
- Reissuppe mit Kokosmilch — 23

Körniger Reis — 8
Kräuter-Reis-Torte mit Lachs — 40
Kreuzkümmel (Glossar) — 58
Kürbis
- Couscous mit Kalbfleisch — 49
- Pilaw mit Garnelen und Sesam — 38

L
Lammfleisch
- Bulgur mit Lamm — 43
- Bulgurecken, Gefüllte — 12
- Reis-Nudel-Eintopf mit Lamm — 56

Langkornreis
- Warenkunde — 5
- Djuwetsch-Reis — 44
- Joghurtsuppe mit Reis und Minze — 25

Extra
REGISTER

Jambalaya	46	
Langustino (Glossar)	58	
Linsen		
Bulgursuppe mit roten Linsen	20	
Rote Linsen (Glossar)	59	

M
Mandeln	
Couscous-Timbale	12
Tajine mit Huhn und Couscous	49
Milchreis zubereiten	7

N
Nasigoreng mit Sprossen	46
Naturreis	
Paprikareis mit Wurst	44
Reis mit Auberginen	30
Warenkunde	5
Zwiebel-Reis	28
Nori-Blätter (Glossar)	58

O/P
Orangenblütenwasser	58
Paella mit Meeresfrüchten	37
Paella-Reis (Glossar)	58
Paprika	
Bulgur mit Schafkäse	30
Djuwetsch-Reis	44
Gefüllte Paprikaschoten	50
Paella mit Meeresfrüchten	37
Paprikareis mit Wurst	44
Reis mit Muscheln	35
Reissalat mit Tunfisch und Paprika	18
Tabbouleh	11
Paprikareis mit Wurst	44
Paprikawurst	
Glossar	59
Paprikareis mit Wurst	44
Reiseintopf mit Kaninchen	56

Parmesan	
Risotto mit gemischten Pilzen	33
Risotto mit Radicchio	33
Risotto mit Spargel	27
Tintenfisch-Risotto	35
Jambalaya	46
Pilaw	
Glossar	59
Pilaw mit Garnelen und Sesam	38
Pilze: Risotto mit gemischten Pilzen	33
Poularde: Tajine mit Huhn und Couscous	49

Q/R
Quellreismethode	7
Reis	
Reis mit Auberginen	30
Reis mit Fisch und Garnelen	38
Reis mit Muscheln	35
Reis-Curry-Salat mit Banane	9
Reis-Fritters mit Garnelen	14
Reis-Hackfleisch-Bällchen	52
Reisbällchen, Knusprige	9
Reiseintopf mit Kaninchen	56
Reisförmige Nudeln (Glossar)	59
Reis-Nudel-Eintopf mit Lamm	56
Reissalat mit Tunfisch und Paprika	18
Reissuppe mit Fenchel	20
Reissuppe mit Kokosmilch	23
Risotto	
Glossar	59
Risotto mit gemischten Pilzen	33
Risotto mit Radicchio	33

Risotto mit Rucola	35
Risotto mit Spargel	27
Risottomethode	7
Tintenfisch-Risotto	35
Rote Linsen (Glossar)	59
Rundkornreis	
Reis-Hackfleisch-Bällchen	52
Warenkunde	5
Reiseintopf mit Kaninchen	56

S/T
Safran-Risotto	8
Salatrouladen	11
Tabbouleh	11
Tahin (Glossar)	59
Tajine mit Huhn und Couscous	49
Thaireis (Warenkunde)	5
Tintenfisch-Risotto	35
Trasi (Glossar)	59
Tunfisch	
Reissalat mit Tunfisch und Paprika	18
Sushi mit Tunfisch und Gurke	17

W
Wasabi (Glossar)	59
Wasserreismethode	7
Weinblätter	
Glossar	59
Weinblätter mit Reis-Hackfleisch-Füllung	55
Wirsing mit Reis-Schinken-Füllung	52

Y/Z
Yufka-Teigblätter (Glossar)	59
Zucchini mit Limettensauce	28
Zwiebel-Reis	28

Extra
IMPRESSUM

Die Autorin
Erika Casparek-Türkkan befasst sich als Journalistin und Kochbuchautorin seit langem mit Themen rund um Gesundheit und Fitness. Sie leitete in der Redaktion einer Gesundheitszeitschrift über mehrere Jahre das Ressort Ernährung und schrieb Bücher über gesundes Abnehmen. Darüber hinaus widmet sie sich ihren beiden Hobbys, dem Reisen und Kochen. Mit ihren internationalen Rezepten kommt der Genuss nie zu kurz.

Der Fotograf
Reiner Schmitz ist als Fotodesigner im Bereich Food und Stillife selbstständig. Zu seinen Kunden zählen Industrie, Werbeagenturen und Verlage. Besonderen Wert legt er auf stimmungsvolle Aufnahmen, die die natürliche Frische der Lebensmittel wiedergeben. Die Fotos entstanden in Zusammenarbeit mit dem Koch und Foodstylisten Rudolf Vornehm.

Hinweis Die Temperaturstufen bei Gasherden variieren von Hersteller zu Hersteller. Welche Stufe Ihres Herdes der jeweils angegebenen Temperatur entspricht, entnehmen Sie bitte der Gebrauchsanweisung.

Bildnachweis
Teubner Foodfoto: S. 5, S. 6
Alle anderen: Reiner Schmitz, München

Impressum
© 2002 Gräfe und Unzer Verlag GmbH, München

Alle Rechte vorbehalten. Nachdruck, auch auszugsweise, sowie Verbreitung durch Film, Funk, Fernsehen und Internet durch fotomechanische Wiedergabe, Tonträger und Datenverarbeitungssysteme jeglicher Art nur mit schriftlicher Genehmigung des Verlages.

Redaktionsleitung: Birgit Rademacker
Redaktion: Tanja Dusy
Lektorat: Redaktionsbüro Maryna Zimdars, München
Layout, Typografie und Umschlaggestaltung: Independent Medien Design, München
Herstellung: Maike Harmeier
Satz: Design-Typo-Print, Ismaning
Repro und Druck: Appl, Wemding
Bindung: Sellier, Freising

ISBN 3-7742-5460-5

Auflage 5. 4. 3. 2.
Jahr   2006 05 04

Ein Unternehmen der
GANSKE VERLAGSGRUPPE

Das Original mit Garantie
Ihre Meinung ist uns wichtig. Deshalb möchten wir Ihre Kritik, gerne aber auch Ihr Lob erfahren. Um als führender Ratgeberverlag für Sie noch besser zu werden. Darum: Schreiben Sie uns! Wir freuen uns auf Ihre Post und wünschen Ihnen viel Spaß mit Ihrem GU-Ratgeber.

Unsere Garantie: Sollte ein GU-Ratgeber einmal einen Fehler enthalten, schicken Sie uns das Buch mit einem kleinen Hinweis und der Quittung innerhalb von sechs Monaten nach dem Kauf zurück. Wir tauschen Ihnen den GU-Ratgeber gegen einen anderen zum gleichen oder ähnlichen Thema um.

Ihr Gräfe und Unzer Verlag
Redaktion Kochen
Postfach 86 03 25
81630 München
Fax: 089/41981-113
e-mail: leserservice@graefe-und-unzer.de

GU KÜCHENRATGEBER
Neue Rezepte für den großen Kochspaß

ISBN 3-7742-4894-X

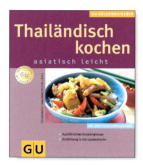

ISBN 3-7742-4895-8

ISBN 3-7742-4899-0

ISBN 3-7742-4897-4

ISBN 3-7742-4887-7

ISBN 3-7742-5458-3
64 Seiten, 6,90 € [D]

Das macht die GU Küchenratgeber zu etwas Besonderem:
- *Rezepte mit maximal 10 Hauptzutaten*
- *Blitzrezepte in jedem Kapitel*
- *alle Rezepte getestet*
- *Geling-Garantie durch die 10 GU-Erfolgstipps*

Änderungen und Irrtum vorbehalten.

Gutgemacht. Gutgelaunt.

Geling-Garantie für Gerichte mit Reis, Bulgur & Couscous

1 MENGEN

- Rechnen Sie pro Portion Reis, Couscous oder Bulgur folgende Mengen:
  als Suppeneinlage: 25–30 g Rohgewicht;
  als Beilage: 60–70 g Rohgewicht;
  als Hauptgericht: 125 g Rohgewicht.

4 ÖL UND BUTTER

- Beim Anbraten oder Kochen von Reis je nach Gericht gutes Oliven- oder Sonnenblumenöl bzw. Butter verwenden.
- Olivenöl und Butter verbessern sowohl den Geschmack als auch die Konsistenz bei der Zubereitung von Risotto.

7 NÜSSE & SAMEN

- Walnüsse, Mandeln, Pinienkerne und Sesamsamen unterstreichen das Aroma der Getreide. Das lässt sich noch steigern, wenn sie zuvor in einer trockenen Pfanne oder mit wenig Öl goldgelb geröstet werden.

8 KOCHGERÄTE

- Gut geeignet sind Töpfe und Pfannen aus Edelstahl oder Emaille, vor allem bei der Zubereitung von Getreidegerichten, die leicht ansetzen.
- Meiden Sie bei der Zubereitung von Risotto Töpfe oder Pfannen mit zerkratzten Böden.